수험생들이 아직 경험해보지 못한
수능 현장의 모든 것

수능당일 **30**점

수험생들이 아직 경험해보지 못한
수능 현장의 모든 것

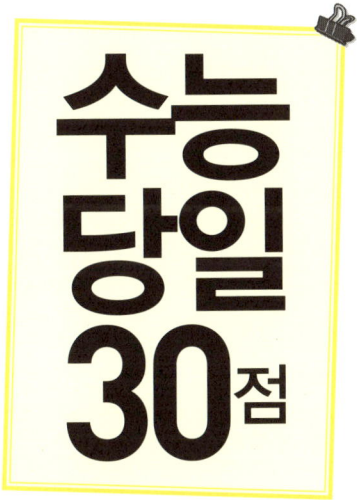

수능
당일
30 점

손형욱 지음

디선
에듀

나는 원래부터 공부를 썩 잘했던 녀석이 아니었다. 졸업한 중학교는 교내 흡연이 만연할 정도로 막장이었으며, 정규 수업도 제대로 진행되지 않았다. 고등학교는 나름 명문인 곳에 들어갔지만 그리 순탄한 시작은 못했다. 1학년 1학기, 평균 등수 228등. 뛰어나지도 떨어지지도 않는 성적. 그래서 별생각 없이 공부했다. 공부를 잘해야 한다는 간절한 바람도, 의지도 없었고 야간 자율학습을 땡땡이칠 정도의 용기도, 다른 분야에 취미를 붙일 열정도 없었다. 딱히 목표가 없었기에 그냥 책상에 앉아서 시간을 보냈다. 어쨌든 졸업할 때쯤엔 성적이 조금 올랐다.

문제는 수능 시험에서 발생했다. 평소 실력만큼, 또 기대만큼 점수를 받지 못했던 것이다. 너무나도 슬펐다. 예상한 대로 지원했던 대학에서 모두 낙방했다.

그렇게 시작한 재수 생활. 화두는 단 하나, "어떻게 하면 수능에서 높은 점수를 받을 수 있을까?"였다. '어떻게 하면 공부에 더 몰입하고 열심히 할 수 있을까' '어떻게 하면 좀더 맞는 문제집을 찾을 수 있을까'가 아니라 수능 점

4

수 자체에 대한 생각으로 초점이 옮겨진 것이다. 당연히 고득점을 받기 위해서는 공부를 잘해야 한다. 당연한 사실이며 기본이다. 하지만 초점이 옮겨지면서 또 다른 중요한 사실을 깨달았다. 그 어떤 시험보다 '당일'에 잘 쳐야 한다는 것이다. 수능은 1년에 단 한 번뿐이다. 이게 바로 수능의 본질이다. 그 사실을 깨달은 순간부터 나는 어쩌면 생애 가장 중요할지도 모르는 '수능 당일'만을 위한 준비를 차근차근 해나갔다.

그리고 두 번째 수능. 다른 수험생들의 기준으로 보자면 그날은 최악이었다. 시작부터 예사롭지 않았다. 맨 앞쪽, 제일 구석에 빛도 잘 들어오지 않고 다리도 제대로 뻗을 수 없는 자리였다. 1교시 언어영역의 감독관은 화장실에 가고 싶다고 세 번이나 손을 들었을 때야 겨우 화장실에 보내줬다. 무사히 오전 시험이 끝났다고 방심하다가 외국어영역 시간 때는 듣기 문제를 놓치기까지 했다. 그래서 어떻게 되었느냐고?

두 번째 수능 날만 생각하면 흐뭇한 미소가 떠오른다. 모든 것은 내 상상 속에 이미 준비돼 있었기 때문이다.

《수능 당일 30점》은 정확히 말하자면 단순히 점수를 30점 올릴 수 있는 방법에 대해 이야기하기보다는, 수능 당일 의도치 않은 실수나 사고로 30점을 날리는 상황을 예방할 수 있는 방법에 대해 이야기한다. 수능 당일, 돌발적으로 일어나는 상황을 잘 대처하지 못하면 열심히 공부했던 모든 것들이 갑자기 새하얗게 지워지면서 다 아는 문제라도 틀리거나 실수하는 경우가 부지기수다. 시중에서 흔히 볼 수 있는 공부법 책이나 합격 수기는 이런 상황에 대해 다루지 않는다. 단지 "수능 당일 실수나 예기치 못한 상황에도 대비가 필요합니다"라는 불친절한 한마디를 할 뿐이다. 이건 꼭 "공부, 어떻게 하면 잘하나요?"라는 질문에 "국영수 위주로 열심히 하면 됩니다"라고 대답해주는 것과 같다.

분명한 것은 열심히 눈앞의 문제에 집중하며 공부했던 순간들만큼이나 어떻게 하면 '완벽한 수능 당일'을 보낼 수 있을까 고민하고 준비했던 순간들이 엄청난 힘이 되었다는 사실이다. 《수능 당일 30점》은 그때의 경험과 고민이 시간이 지나 좀더 가다듬어지면서 나온 결과물이다.

당일 시험을 잘 치기 위한 절대적인 공부법은 없다. 단지 전해주고 싶은 것은 수능에 대한 압박감과 두려움을 이기는 방법이다. 그냥 가볍게 읽으면서 "어, 이럴 수도 있구나" 하며 넘길 수 있는 부분은 넘기고, 또 실제 적용할 수 있는 부분이라면 확실히 자기 것으로 만들자. 단 한 가지만 바뀌어도 변화는 시작된다. 그리고 미래도 달라진다.

수능 당일은 아직 미래의 어느 날이다. 미래의 어느 날에는 어떤 예기치 못한 상황이 닥칠지 모른다. 그리고 그 상황은 지금 여러분의 인생에서 가장 중요한 시험인 수능을 망칠 수 있다. 1년 한 번뿐인 기회를 위해 지금부터 실제처럼 준비를 해나갈 것인가, 아니면 모든 것을 운에 맡길 것인가? 이 책을 읽고 난 여러분은 부디 전자의 길을 선택하길 바란다.

손형욱

● 　나도 이 책의 저자처럼 두 번의 수능을 치른 경험자이지만, 시험장은 몇 번을 들어가도 떨리는 곳이 아닐까 싶다. 그 낯설고 불안한 장소에서 제 실력을 발휘하기란 제아무리 강심장이어도 쉽지 않은 일이다.

시험 시간과 장소를 내 입맛대로 맞출 수 없다면, '나'를 수능에 맞춰야 한다. 최상의 컨디션으로 시험에 임할 수 있는 비법들이 모조리 정리돼 있다. 읽는 동안, 주변의 수험생들에게 얼른 추천해줘야겠다는 생각이 번쩍 들었다. 누구도 알려주지 않는, 하지만 알면 누구보다 자신 있게 수능에 임할 수 있는 유용한 정보들이다. 수험생이니 아무것도 생각하지 말고 오직 공부만 해야 한다? 아니다! 수험생이니 반드시 이 책을 읽어야 한다.

이형우 (고려대학교 화공생명공학과 04학번)

● 　나를 알고 적을 알면 백전백승이라고, 좀더 현실적인 정보와 어드바이스가 있다면 스스로의 족쇄에 걸려 넘어지는 일은 없을 것이다. 3년 동안, 아니 학창시절 내내 준비해왔던 모든 것들을 단 하루 만에 평가받는 시험인데 아무리 강철심장이라 하더라도 소녀처럼 두근거릴 수밖에 없다. 심적 부담감에서 해소되고 싶다면 반드시 수능 당일 일어날 수 있는 모든 경우의 수를 예상하고 있어야 한다.

이용우 (서울대학교 응용생물화학부 06학번)

● 　나는 문제를 풀 때, 특히 수리영역에서는 지극히 평범하게 차례대로 풀어 나가는 편이었다. 그러다 안 풀리는 문제에 봉착하면 왠지 조금만 더 머리를 굴려 보면 풀 수 있을 것 같다는, 어리석은 생각을 하다가 남은 문제를 제대로 풀지 못 하고 시간을 버릴 때가 많았다. 그런데 이 책을 읽은 후 나는 너무도 '정직한' 학생 이었음에 한탄했다. 이런 진정한 '기술'을 진작 알았더라면! 꽤 체계적이고 설득력 있는 찍기 기술을 읽고 나니, 어려운 문제를 풀어내려다 한정된 시간을 날려버리 고 마는 우를 더 이상 범하지 않을 수 있겠다는 희망이 생겼다. 가볍게 읽을 수 있 지만 두루뭉술하게 막연히 던지는 메시지가 아닌, 실생활에 그대로 적용해볼 수 있는 알짜배기 정보들만 모아놓았기 때문에 기대했던 것보다 훨씬 많은 것을 얻을 수 있는 책이다.

안상은 (서울여자대학교 산업디자인과 02학번)

● 　내가 수능을 본 자리는 복도 쪽 창문 바로 아래였다. 오래된 학교라 단열 이 제대로 되지 않는 창문이었고 난방을 하고 있었음에도 나는 창문으로 새어 들 어오는 찬 공기 때문에 시험 내내 오들오들 떨면서 봐야만 했다. 시험장의 상태를 미리 파악해두고 발생할 수 있는 문제를 예상해 대처했더라면, 결과는 달라졌을 까? 대한민국에서 수능은 '인생을 한 방에 결정할 수도 있는' 큰 시험이다. 수능은 단순히 '열심히 공부하는 것'만으로는 만족할 만한 결과를 보장해주지 않는다. 최선을 다해 공부하되, 남들이 미처 생각하지 못한 부분도 대비해 흔들림 없이 최 고의 성적을 얻을 수 있기를 바란다.

이유진 (서강대학교 국어국문학과 10학번)

● 　수능은 시험을 보는 시간뿐만 아니라, 쉬는 시간이나 점심시간도 중요하다. 나는 수능 당일, 혼자 점심을 먹었고 쉬는 시간에도 화장실을 잠깐 다녀온 뒤 사람들이 없는 곳에서 휴식을 취했다. 그 이유는 이 책에도 적혀 있다.

쉬는 시간, 그냥 교실에 있으면 학생들이 앞서 치른 과목에 대한 답을 서로 맞춰본다든가 시험의 난이도에 대해서 이러쿵저러쿵하는 말을 자연히 듣게 된다. 본의 아니게 대화를 듣고 나면 '그 문제에서 내가 틀렸구나', '이번 시험은 다들 쉽다는데 나만 못 풀었구나' 하는 생각에 다음 시험 시간까지 여파가 남는다. 이런 식의 긴장은 수능 시험에 전혀 도움이 안 되며 오히려 의지만 약해진다. 더군다나 그해의 수능 난이도는 그 누구도 알 수 없기 때문에 자신만 잘 못 봤다고 자책하는 것은 아무런 도움이 되지 않는다.

주재영 (고려대학교 생명화학부 06학번)

● 　각 영역별 공부법이나 전형적인 조언이 아닌, 이토록 자세하게 마치 친한 선배가 이야기하듯 읽히는 수험서는 처음이다.

이 책은 섬세하다. 있을 수 있는 모든 경우를 친절히 설명해준다. 아랍어 선택으로 두 달 만에 1등급을 받았다거나 다이어리 작성으로 자신감을 유지할 수 있었다거나 하는 이야기는 나 역시 겪어본 이야기라서 더욱 관심이 갔다.

두려움은 모르는 대상에게 생기는 호기심이 왜곡된 것이다. 어떤 대상의 처음과 끝, 원인과 결과를 알고 있다면 두려울 것이 없다. 두려움을 극복하는 대가로 나는 두 번이나 수능을 경험해야 했지만, 이 책을 읽는다면 겪지 않아도 실제처럼 시뮬레이션해볼 수 있다. 시험에 대한 두려움이 있다면 읽고 극복하자.

민경원 (울산과학기술대학교 테크노경영 10학번)

● 　내가 고3 때, 수능 당일 아침 시험장에 도착해서 뭐부터 해야 하는지 아무도 알려주지 않았다. 긴장감을 해소하기 위해 주변을 익숙한 환경으로 만들어야 한다고 일러주지 않았다. 한 자라도 더 볼 게 아니라 화장실에 다녀오는 게 낫다고 말해주지 않았다.

나는 급한 마음에 눈에 잘 들어오지도 않는 책에서 눈을 떼지 못했다. 긴장한 탓인지 배가 콕콕 아파왔지만 혹시라도 모르는 부분에서 문제가 나올까봐 쉬는 시간 동안 오답노트만 보다가 시험 도중 배가 아파 고생했던 끔찍한 순간도 있었다. 오전 시험이 끝나고 점심시간에 친한 친구들과 밥을 먹다가 지나간 시험 이야기에 절망하고, 결국 그다음 시험에서 집중할 수 없었다. 정말이지 이 책에서 하지 말라고 했던 건 다 했다. 갑자기 울고 싶다.

지금 한 자라도 더 보는 게 중요한 게 아니다. 그냥 이 책을 읽는 데 두 시간 투자하는 게 낫다.

김지수 (건국대학교 생명과학과 03학번)

● 　평소 실력이 전부일까? 나의 경우, 3년 내내 같은 학급에서 나와 비슷한 등수에, 비슷한 성적이 나오는 친구가 있었지만 막상 수능 점수에서는 많은 차이가 났다.

아무리 공부를 잘하는 사람이라고 할지라도 밤을 꼬박 새고 시끄러운 시장 한복판에서 시험을 보라고 하면 평소 실력의 절반도 발휘하지 못할 것이다. 나 역시 수능을 너무 만만히 보고 편하게 생각했다가 큰코다쳤다. 사소한 준비물 챙기기부터 돌발 상황에서의 현명한 대처법, 시험에 임하는 마음가짐 등 어느 하나 제대로 갖춘 것이 없었다. 부모님은 나와 다른 세대에서 공부하셨기 때문에 현실적인 조언을 해주진 못했고, 옆에 있는 친구들은 나와 같은 처지였다. 내 마음을 알아주고 실질적인 이야기를 해주는 사람은 찾기 힘들었고 불안감은 커져만 갔다.

시험이 며칠 남지 않은 상태에서 평소 안 봤던 부분을 꺼내보는 것은 모르는 내용이 많아 더 불안해지기 쉽다. 마음을 비운 채 실전에 대해 자주 상상하고 연습해보는 것만이 시험 자체를 잘 볼 수 있는 비결이라 생각된다. 시험 전날 공부를 많이 하지 않아도 시험장에서 평소 실력을 제대로 발휘할 수 있는 상황을 만든다면, 원래 점수보다 더 높은 점수를 기대해도 좋을 것이다. 얼마나 수능에 대해 잘 준비했느냐에 따라 내 점수도 올라간다. 수험생들의 필독서다.

고봉성 (연세대학교 물리치료학과 02학번)

● 고등학교 시절, 거의 매일같이 지각을 했다. 새벽 2시까지 독서실에서 공부하는 습관 때문에 등교시간을 지킬 수 없었던 탓이었다. 아직도 그날 아침이 생생히 기억난다. "매일 지각하던 은정이가 오늘은 첫 번째로 왔네! 웬일이야?" 담임 선생님이 놀라서 하신 말씀이었다. 수능 당일 차가 막혀서 제때 교실을 찾아 들어가지 못할까봐 불안한 마음에 누구보다 일찍 시험장에 도착했다. 그때 그 시간이 새벽 6시 30분. 당연히 충분한 수면을 취하지 못해 30점이나 점수가 하락했다. 한번 실수한 것치곤 너무나도 큰 대가였다.

또, 마지막 외국어영역을 볼 때였다. 감독관 선생님의 구두 소리와 향수 냄새에 집중하기가 너무너무 어려웠다. 왜 계속 교실을 돌아다니시는지 똑똑 구두 소리와 코를 찌르는 진한 향수 냄새 때문에 머리가 아프고 신경이 쓰일 수밖에 없었다. 이 책을 읽어봤더라면 그때 그 상황을 현명하게 대처할 수 있었을 것이다.

매일 점심시간마다 10분씩, 그리고 공부가 안 될 때 10분씩 이 책을 읽어볼 것을 권한다. 훗날 원하던 학교의 대학생이 됐을 때 '내가 왜 그때 그걸 몰랐을까', '왜 이걸 나에게 아무도 알려주지 않았을까' 하고 후회하는 일 따윈 없을 것이다.

심은정 (국민대학교 화학과 04학번)

● 　　제목만 보아도 모든 내용이 신기하게 와 닿았다. 그중 문제 풀이에도 기술이 있다는 사실에 감탄했다. 원서 접수 시 붙일 사진 촬영에서부터 4교시 탐구 영역 마킹을 끝내는 그 순간까지, 수능 그 모든 것에 대한 가이드북이다.

최승오 (지산고등학교 3학년)

대망의 그날, 꼭필요한 자신감과 뚝심

수능을 잊고 대학으로 가는 길

D-100 INTRO
불안을 떨치고 자신감을 100% 충전하자

D-100 MUST DO IT
원서 접수 시작~~!

D-100 OUTRO
수능 D-100 공부법, 작심 100일의 승부수 던지기

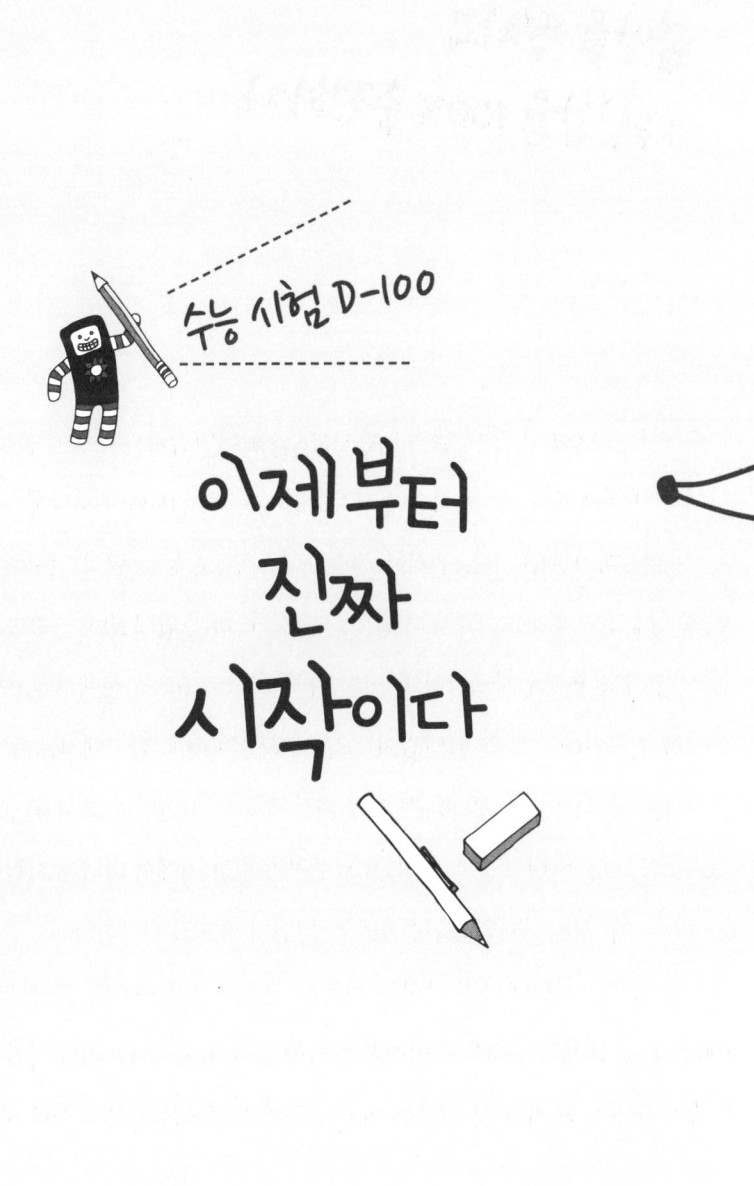

수능 시험 D-100

이제부터
진짜
시작이다

불안을 떨치고 자신감을 100% 충전하자

수능 시험 D-100. 얼마 남지 않은 시간 앞에 불안감과 두려움에 몸서리치는 수험생들이 많다. 원서 접수가 시작되면서 비로소 시험이 코앞에 닥쳤다는 걸 실감하기 때문이다. 원서를 접수하고 나면, 수능 시험이 인생의 전부인 양 공부했던 친구도, "수능 시험, 그 까이 꺼" 하며 담대했던 친구도 너 나 할 것 없이 긴장감에 사로잡히게 된다. 여기에다 D-100 시점에 치른 모의고사에서 점수가 떨어지면 불안감이 스멀스멀 덮쳐온다. 학교에서는 선생님, 집에서는 부모님이 "너 뭐 했냐? 이제 와서 점수가 떨어지면 다시 못 올린다는 걸 모르니?" 하면서 쪼기 시작한다. 주변의 핀잔 속에서 나라는 사람이 수능이라는 거대한 시련을 넘을 수 있을지 의심이 싹트기 시작한다.

숫자 100은 시험에서는 만점을 뜻하는 완전무결한 수지만, 수험생에게 100은 온갖 불안과 두려움이 완전히 가득한 숫자다. 수능 D-100 시기에 수험생이 해내야 할 가장 큰 임무는 이런 불안과 두려움을 떨치고 시험 공부와 시험 준비에 박차를 가하는 것이다.

한참 마음을 다잡아도 모자랄 판에 간혹 이런 푸념을 늘어놓는 학생들이 있다. "100일 남았는데 이제 와서 공부한다고 뭐가 바뀌겠어요?" 100일 동안 하루에 1점씩 올려가면 수능 당일 100점을 올릴 수 있다는 세상 물정 모르는 착한 믿음으로 희망 고문할 생각은 없다. 그럼, 이미 늦은 것 같으니 공부를 포기하겠다고? 수능 시험 D-100 시점에서 벌써 재수를 생각하고 있다고? 축하한다. 당신은 당신이 원하고 꿈꾸는 바대로 재수생이 될 수 있을 것이다. 하지만 이것만은 알아야 한다. 이때 최선을 다하지 못하고 포기한 채 내년을 기약한다면 1년 뒤 다시 다가온 두 번째 수능 시험 D-100에도 똑같이 도망칠 생각부터 할 것이다.

승부를 눈앞에 두고 도망치는 습관이 생기면 내년에도 아니, 어쩌면 인생의 모든 순간에 똑같은 결정을 하게 될지도 모른다. 그러니 인생의 첫 도전의 순간에 등을 돌리지 말자. 인생에서 패배란 승부에서의 패배가 아니라, 패배가 무서워 노력도 하지 않고 '승부'라는 이름의 링에 오를 생각조차 하지 않는 것이다.

수능 시험 D-100부터는 공부를 시작하기에 정말로 늦은 시점일까? 100점 올리기는 사실 불가능한 시간이다. 그러나 한번 생각해보자. 합격과 불합격은 몇 점 차이로 갈릴까? 합격선에서 100점 차이로 떨어지는 학생은 없다. 대부분의 학생들은 한두 문제 차이로 떨어진다. 그 한두 문제 차이는 바로 수능 시험 D-100, 지금 이 순간부터 여러분이 공부에 임하는 태도에서 벌어진다.

100일 동안 100점 올리기는 불가능하지만, 많게는 30점, 적어도 한두 문제를 더 맞혀 4~6점을 올리기에는 충분한 기간이다. 수능 시험 D-100인 8월쯤이 되면 학교에서 자유롭게 수능 공부를 할 수 있는 시간이 주어지기 시작한다. 더 이상 내신 시험이라는 괴물과 싸우지 않고 수능 시험을 위한 공부에 전념할 수 있는 것이다. 100일 안에 '학업 성취도'를 평가하는 내신 시험이 아니라, 학생의 '사고력'을 평가하는 수능 시험에 맞는 사고방식으로 전환할 수 있다면 30점 올리기라는 목표는 쉽게 달성할 수 있다.

그러나 공부만이 시험 준비의 전부는 아니다. 시험의 시작은 원서 접수다. 원서 접수를 어떻게 하느냐가 시험의 첫 단추를 잘 꿸 수 있느냐를 좌우한다.

원서 접수 잘한다고 점수 더 주는 것도 아닌데, 왜냐고? 원서 접수로 피 보는 수험생도, 덕 보는 수험생도 있다. 1, 2점이 인생을 좌우하는 시험은 원서 접수도 달라야 한다. 접수 과정에서 일어날 수 있는 실수나 불상사를 미연에 방지해야 하고, 시험 공부만 들입다 해서는 부족한 점수를 원서 접수로 얻는 방법도 있기 때문이다.

수능 당일, 완벽한 시험을 치르고 싶은가? 그렇다면 그날을 위해 완벽한 준비를 해야 한다. 작게는 신분증에서부터, 크게는 교육청과의 협상까지 말이다. 지금부터 수능 시험을 위한 각종 준비들에 대해서 낱낱이 살펴보자.

D-700
MUST DO IT

원서 접수 시작~!

01 원서 접수 사진 촬영 ☑
02 선택 과목 미리 정하기 ☑
03 아랍어 접수하기 ☑
04 시험특별관리 대상자 문의하기 ☑
05 수능 시험을 위한 특별 준비물 문의하기 ☑
06 독감 예방 접종하기 ☑
07 자신감 UP 다이어리 만들기 ☑

원서 접수 사진 촬영
교복보다 사복, 그리고 포토샵으로 오버하지 않기

원서 접수에서 문제 상황이 생기는 건 대부분 사진 때문이다. 먼저 교육과 정평가원에서 규정한 원서 접수용 사진의 조건을 살펴보자.

교육과정평가원 규정

- 최근 6개월 이내에 양쪽 귀가 나오도록 정면 상반신을 촬영한 여권용 규격 사진(크기 3.5cm×4.5cm), 사진 내 얼굴 길이(머리 정수리부터 턱까지)는 2.5cm~3.5cm
- 짙은 색 안경과 모자 등의 착용 금지
- 디지털 사진의 경우 관련 S/W를 통한 원판 변형 금지
- 사진 배경은 무늬 또는 그림이 없는 밝은 계통의 단일 색

가끔 재수생들이 교복을 입은 고등학교 졸업 사진으로 원서를 접수하는 경우가 있다. 원서 접수는 8월 말에서 9월 초로 교복을 입지 않은 지 6개월이 지난 시점이다. 대부분의 접수처에서는 눈감아주지만 원칙을 내세우며 응시 사진의 교체를 요구하면 난감해진다. 미리 접수를 하러 간 경우라면 그나마 다행이다. 다시 사진을 찍으면 되기 때문이다. 하지만 마지막 날 사진 때문에 접수를 거부당한다면 얼마나 황당하겠는가?

사진 때문에 일어나는 또 다른 문제 상황은 원판 변형 금지 규정에 걸리는 소위 '포샵질'로 발생한다. 수능 시험이라는 절체절명의 엄혹한 순간에도 이

미지 관리에 신경 쓰는 수험생들이 의외로 있다. 얼짱 각도로 최대한 예쁘고 멋지게 찍은 다음 한술 더 떠서 포토샵으로 보정 작업을 거친 사진으로 접수하는 것이다. 포샵 사진으로 자신감이 생긴다면 자신을 위해 살짝 하는 것도 괜찮다. 그러나 실물과 차이가 큰 보정 사진은 원서 접수가 불가능할 수 있다. 접수됐더라도 시험 당일, 본인 확인 절차에서 시험 시간을 빼앗기는 사태가 생길 수도 있다.

2005년 수능 시험에서 포토샵으로 합성한 사진으로 대리 응시한 대규모 부정행위가 적발된 이후, 교육과정평가원은 본인 확인 절차를 엄격하게 하고 있다. 사진으로 본인 확인이 안 되면, 고사본부로 소환될 수 있는 것이다. 괜한 오해를 받고 싶지 않다면 자신의 얼굴을 포토샵으로 튜닝하는 일은 자제하도록 하자.

> **Believe it or not**
>
> ### 시험 중에도 이미지 관리?
>
> … 공부할 땐 알이 두꺼운 뺑뺑이 안경을 쓰는 여학생이 렌즈를 착용한 채 예쁘게 웃으며 찍은 사진으로 원서를 접수했다. 안경을 쓴 모습과 쓰지 않는 모습이 사뭇 달랐던 이 여학생. 평소 공부하던 습관대로 안경을 쓰고 수능 시험장에 왔다. 젖 먹던 힘까지 꺼내 집중력을 발휘하다 보니 자신도 모르게 오만 인상을 써가며 1교시 시험을 치는 중, 감독관이 말을 걸었다. "학생 본인 맞나요?" 여학생은 안경을 벗고, 사진처럼 예쁘게 웃어 보였다. 감독관은 사진과 실물을 번갈아 본 후에야 자리를 떴다. 사건은 한 번으로 끝나지 않았다. 매 시간마다 본인 확인을 위해 쓰고 있던 안경을 벗고 예쁜 척을 해야 했던 것이다.

선택 과목 미리 정하기

바람 앞에 흔들리는 갈대가 되지 말자!!

2011년 수능 원서 접수부터는 응시 과목을 변경할 수 있는 제도가 생겼다. 그동안 원서 접수 과정에서 사탐·과탐영역의 응시 과목을 잘못 기재하는 수험생이 종종 있었고 이들을 구제해주기 위해 수능 접수 기간 중 마지막 3일 동안 응시 과목을 바꿀 수 있도록 한 것이다. 절차도 간단하다. 수험생의 신분증과 원서 접수증만 갖고 최초의 접수 장소를 방문하면 된다.

응시 과목 변경 제도는 실수하는 학생들을 위해 생겼지만, 실제 대부분은 실수가 아니라 갈대 같은 마음을 가진 수험생들이 변심하면서 이용하는 경우가 더 많다. 자신이 선택한 과목에 대한 확신도 부족하고, 표준점수에서 손해를 보게 될까봐 응시 과목을 변경하는 것이다. "선택 과목에 따라서 표준점수 차이가 크잖아요. 마지막 교과평 모의고사 표준점수 결과 보고 정하려고요." 맞는 말이다. 실제로 과목 간 표준점수 만점의 차이는 엄청나게 크다. 2011년 수능을 기준으로 사탐영역에서 표준점수 만점 1등 과목인 〈정치〉의 만점은 82점, 꼴찌 과목인 〈세계사〉의 표준점수 만점은 66점으로 무려 16점 차이가 난다. 만약 대학에서 표준점수를 그냥 반영한다면 내 실력과는 상관없이 16점이라는 손해를 보게 된다. 표준점수가 잘 나오는 세 과목만 택한다면 상대적으로 유리한 것이다.

그러면 모의고사 표준점수 결과를 보고 실제 수능에서 표준점수가 잘 나올 법한 과목을 예상해서 선택 과목을 바꾸는 것이 합리적인 걸까? 다음 표를 연도에 따라 살펴보자.

사회탐구 과목별 응시 인원 및 1등급 표준점수 비교(단위:명, 점)

연도	인원/ 점수	윤리	국사	한국 지리	세계 지리	경제 지리	한국근 현대사	세계사	법과 사회	정치	경제	사회 문화
2011	응시인원	200,806	63,838	238,620	56,531	52,890	236,487	42,428	63,520	124,623	75,372	287,918
	최고점	69	72	70	69	76	67	66	75	82	74	69
	최저점	67	68	67	66	67	67	66	68	69	69	66
2010	응시인원	188,966	69,704	24,246	49,094	61,375	233,487	38,785	63,735	127,937	84,837	280,470
	최고점	69	72	77	69	71	67	68	78	71	81	73
	최저점	67	68	69	66	64	65	66	70	66	69	67
2009	응시인원	171,001	58,635	220,083	40,551	54,104	193,905	33,549	56,111	113,083	80,559	247,329
	최고점	77	69	74	74	76	71	72	71	70	83	74
	최저점	69	67	68	66	66	67	68	66	66	69	66

2011년 표준점수 1등을 기록한 〈정치〉는 2010년에는 만점 71점으로 6등을 차지했다. 2010년 1등인 〈경제〉는 2011년에는 74점으로 4등이었던 과목이다. 매해 표준점수 만점은 바뀌고 만점이 높은 과목 또한 정해져 있지 않은 것이다.

이것은 무엇을 의미할까? 어떤 선택 과목을 응시하든 별 의미 없다는 뜻이다. 여러분이 선택한 과목이 우연히 표준점수가 높게 나올 수도, 낮게 나올 수도 있다. 그러니 복잡하게 생각할 것 없다. 가장 단순한 선택이 가장 좋은 결과를 가져오는 법이다. 스스로 잘할 수 있는 과목을 선택하자. 그리고 원서 접수할 때 흔들리지 말자. 그저 우직한 소처럼 처음 그대로 밀고 나가는 것이 최고다.

01 사탐 응시 과목을 선택하는 방법

도저히 어떤 응시 과목을 선택해야 할지 모르겠다면 그냥 남들 많이 하는 거 따라 하는 것이 좋다. 그 이유는 표준점수 산출 방식 때문이다. 표준점수는 시험에서 몇 점 받았느냐를 말해주는 점수가 아니다. 그 과목을 응시한 사람들 중에서 내가 어느 정도의 위치에 있느냐를 말해주는 점수일 뿐이다. 그러므로 스스로 뭘 잘할지 알 수 없다면 응시 집단의 수준이 가장 낮을 것 같은 과목을 선택하는 것이 유리하다.

먼저 선택 대상에서 제외시킬 과목을 살펴보자. 〈국사〉, 〈세계지리〉, 〈경제지리〉, 〈세계사〉, 〈법과 사회〉, 〈경제〉 등은 응시하는 수험생이 적다. 이런 과목은 명확한 자신감이 있거나 최소한 흥미라도 있는 이들이 선택하는 경우가 많다. 수험생의 입장에서 다른 사람들이 잘 선택하지 않는 과목을 선택하는 모험을 하기가 쉽지 않기 때문이다. 그중에서 가장 응시 집단이 뛰어난 것으로 알려진 과목은 〈국사〉다. 서울대학교가 정시 모집 전형에서 〈국사〉를 필수 과목으로 지정하고 있기 때문이다. 전국 40만 명의 문과생들 중 서울대학교 진학에 대해서 단 1%라도 희망을 가지고 있는 수험생들이 모두 〈국사〉를 선택한다. 말 그대로 별들의 전쟁이 벌어지는 과목이다. 서울대학교 진학에 대한 미련이 없다면 당연히 〈국사〉를 피해서 다른 과목을 선택해야 한다.

표준점수를 받기에 유리한 과목은 응시생이 가장 많이 몰려 있는 과목이다. 사탐영역에 자신 없는 학생들이 그냥 친구 따라 과목을 선택하는 경향이 많아 응시율이 덩달아 높아질 때가 많다. 즉 응시생이 몰려 있는 과목은 응시 집단의 수준이 낮을 가능성이 크다는 것이다. 그중 가장 유명한 과목이 〈사회문화〉다. 일선

학교 선생님들이 응시자가 많다는 핑계로 학생들에게 권하기도 하는 과목이다. 참고로 2011년 수능에서 응시자가 많았던 과목은 〈사회문화〉, 〈한국지리〉, 〈한국근현대사〉, 〈윤리〉, 〈정치〉 순이다.

◎2 응시 과목은 2개가 아니라 3개

혹 잘할 수 있는 과목만 치겠다며 응시 과목을 2개만 선택하는 학생들이 있다. 그러나 원서 접수를 할 땐 세 과목을 모두 응시해둘 것을 권한다. 대부분의 중위권 대학이 탐구영역에 세 과목을 모두 반영하지 않기 때문에 얼핏 두 과목만 집중해서 공부하는 것이 선택과 집중이라는 면에서 효과적으로 보인다. 하지만 설사 공부 안 하고 그냥 치더라도 세 과목을 신청하는 것이 유리하냐. 이는 심각한 과목 간 표준점수 차이 때문이다. 열심히 공부해서 만점 받은 과목의 표준점수가 몇 개 틀린 과목의 표준점수보다도 낮게 나오는 경우가 있다. 2011년 〈세계사〉에서 만점 받은 사람의 표준점수는 66점인 데 비하여 〈정치〉와 〈경제〉에서 2등급을 받은 사람의 표준점수는 68점이라는 황당한 상황이 연출되었다. 그게 아니라도 객관식 시험에서 한 과목 더 칠 수 있는 기회가 있다는 사실이 얼마나 기쁜가? 혹시 내심 포기하고 친 과목에서 대박이 터질지도 모르니까 말이다.

◎3 지원 대학에 맞춤형한 과탐 선택 응시

과탐 과목을 응시할 경우, 대학의 입시 전형을 세세하게 고려할 필요가 있다. 2012년부터 과탐영역을 세 과목만 치르게 되면서 각 대학의 입시본부는 새로운 전형 방법을 찾는 데 골몰하고 있다. 과탐영역의 선택 세 과목을 전부 다 반영하자니 너무 빡빡한 전형인 것 같고, 그렇다고 두 과목만 반영하자니 II 과목의 반영을 어떻게 해야 할지가 애매하다. Ⅰ과목과 Ⅱ과목 간의 난이도 차이도 크므로 학생 입장에서는 Ⅰ과목만 응시하는 것이 훨씬 유리하다. 따라서 각자 원하는 대학의 전형을 확인하고 그에 맞게 접수해야 한다.

서울대학교의 경우, 과탐영역에서 서로 다른 세 과목에 응시하되 Ⅱ과목 1개를 포함해야 한다는 조건이 있다. 즉 세 과목을 Ⅰ과목·Ⅰ과목·Ⅱ과목으로 구성해서 응시해야 하는 것이다. 예를 들면 〈물리Ⅱ〉·〈생물Ⅰ〉·〈화학Ⅱ〉를 응시 과목으로 한 경우에는 선택 과목으로 인정되지만, 〈물리Ⅱ〉·〈화학Ⅰ〉·〈화학Ⅱ〉 혹은 〈물리Ⅱ〉·〈생물Ⅱ〉·〈화학Ⅱ〉로 응시했을 경우는 인정되지 않는다. 학교에 따라 과학탐구를 세 과목 모두 반영하겠다는 대학도 있고 Ⅱ과목에 가산점을 준다는 학교도 있기 때문에 입시 전형에 대한 고려를 충분히 해야 한다.

SCHEDULE

03

아랍어 접수하기

아랍어는 수능 로또

2011년도 수능 시험의 제2외국어는 10만 명이 응시했다. 그중 절반인 5만 명 정도가 아랍어에 응시했다. 2011년 현재 대한민국에 아랍어를 가르치는 고등학교는 단 한 군데도 없다. 그런데 아랍어의 응시자는 5만여 명. 도대체 어떻게 된 걸까?

제2외국어 · 한문 영역 응시 현황

	응시자 수(명)	표준점수 최고점	1등급 기준 원점수	2등급 기준 원점수
아랍어 I	49,116	90	43	20
일본어 I	19,931	74	44	38
한문	15,442	70	47	44
중국어 I	9,962	74	44	39
프랑스어 I	3,433	67	47	45
스페인어 I	3,334	74	44	40
러시아어 I	3,270	86	45	21
독일어 I	2,889	70	46	43

아랍어 점수 분포

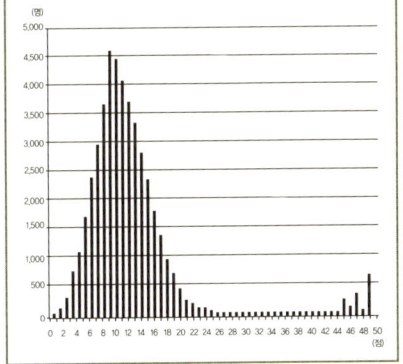

수험생들이 아랍어를 응시하는 이유? 간단하다. 그냥이다. 남들이 하니까 그냥 한다. 그러니 대세를 따라 아랍어에 응시할 필요가 있다. 왜 아랍어를 응시해야 할까?

일반 학생들이 아랍어를 선택할 경우 이점이 있다. 아랍어는 모두 동일한 선상에서 출발한다는 것이다. 아랍어를 제외한 모든 외국어 과목에는 일반 학생들이 따라갈 수 없는, 이른바 넘사벽(넘을 수 없는 사차원의 벽)의 학생들이 있다. 바로 외국어고등학교 학생들이다. 외국어고등학교의 수능 응시생은 매해 8,000명 정도다. 외고 학생들은 입학 때부터 전공 외국어를 배정받아 3년 동안 배운다. 일반 고등학교 학생이 아무리 열심히 공부해도 외고 학생을 이기고 제2외국어 과목에서 고득점한다는 것은 거의 불가능하다. 그러나 아랍어는 다르다. 극소수의 아랍권 거주 경험이 있는 학생을 제외하면 응시생 대부분이 고등학교 3학년이 되어서야 잠깐 배우고 응시한다. 어떤 학생들은 이조차도 하지 않고 그냥 찍는다. 물론 노력 없이 1등급을 기대할 순 없다. 아랍어에 고정적인 상위권이 없다는 사실을 파악한 수험생들의 응시가 많아지고 있으며 아랍어를 열심히 공부하는 학생들도 생겼기 때문이다. 그래도 아랍어는 아직 블루오션이다. '아랍어 점수 분포' 그래프를 보자. 분명 50점이 만점인데 대다수가 반타작도 못한 8~12점 사이에 몰려 있다. 응시생 대부분의 점수층이 10점 부근에 몰려 있는 덕분에 아랍어는 '등급 로또'를 노려볼 수 있는 특별한 과목이다. 2011년 아랍어 1등급의 기준 원점수는 43점으로 다른 과목과 별반 차이가 없었다. 하지만 2등급의 기준 원점수는 20점, 3등급은 16점이었다. 열심히 기도하면서 찍으면 50점 만점에 16점은 충분히 노려볼 수 있고, 3등급은 받을 수 있는 과목인 셈이다.

등급 로또의 힘은, 특히 조건부 수시 합격생들에게 위력적으로 나타난다.

일부 대학교에서는 수시 합격에 최저 학력 제한을 두고 있는데, 이때 탐구영역 두 과목을 반영하지 않고 한 과목은 제2외국어의 등급으로 교체 반영해주기도 한다.

당일 기도 한 번으로 2~3등급을 노려볼 수 있고, 탐구영역 한 과목을 대체할 수 있는 과목이니 당연히 접수해봐야 한다. 또 실제로 아랍어를 공부해본 학생들의 경험에 따르면, 여름방학 1개월 정도만 공부해도 2등급을 안정적으로 받는 데 충분하다고 한다. 결론적으로 아랍어는 대한민국 수능 수험생을 위한 알라신의 선물이라 할 수 있다.

시험특별관리 대상자 문의하기

어쩌면 나도? 미리미리 알아보는 시험특별관리 대상자

수능 시험은 단 하루뿐이지만, 수험생에게는 어쩌면 이날이 그동안 살아온 날보다 더 중요한 하루가 될 수도 있다. 그렇기 때문에 시험을 주관하는 교육과정평가원과 교육청은 최대한 학생들의 편의를 고려하고 최상의 조건에서 시험을 칠 수 있도록 돕는다.

문제는 절대로 먼저 수험생에게 친절을 베푸는 경우는 없고 수험생이 먼저 요구했을 때만 친절을 베푼다는 사실이다. 그것도 그냥 요청해선 안 되고 적극적으로 요청해야 친절을 베풀어준다.

매해 수능 날 저녁 뉴스 중 하나가 수능에 임박해 피치 못할 부상을 당한 학생이 목발을 짚고서 꿋꿋하게 수능을 응시했다는 훈훈한 미담이다. 그리고 "쉬는 시간에 목발을 짚고 계단을 오르내리는 일이 쉽지 않았지만 그래도 시험을 끝까지 칠 수 있어서 기쁩니다"라고 말하는 학생의 인터뷰가 덧붙는다.

어려운 상황에서도 수능을 치르기 위해 노력한 점은 마땅히 박수를 받아야 한다. 그러나 이런 극기를 감내하지 않아도 되는 길이 있다. 서울시교육청은 〈대입수능 시험관리 세부시행계획〉에서 "지체부자유 수험생의 시험실은 시험지구별로 일반 수험생 시험장의 계열별 마지막 시험실(가급적이면 1층 시험실)에 배치한다"라고 밝히고 있다. 지체부자유 수험생에 한해 계단을 피해서 가급적 1층의 시험실에 배치해준다는 것이다. 문제는 교육청에 미리 연락을 해야 한다는 것이다. 수능 날 아침 시험장에 가서 "저기요, 다리가 불편한데요. 1층 시험실에서 시험 치고 싶어요"라고 말하면, "알겠습니다. 이리로 오시죠"라고· 하면서 수험생의 편의를 당장 배려해줄 것 같은가? 그렇지 않다. 정말로 신체부자유한지, 단지 다리에 깁스만 하고 와서 혼자 시험을 치고 싶다고 말하는 것인지 판단하기 어렵다. 또 당일 아침에 수험생 1명을 위해서 새로 시험실을 확보하고 매 시간 입실할 두 명의 감독관을 배치하는 것도 쉬운 일이 아니다. 따라서 수험생이 교육과정평가원의 규정에 근거해 편의를 제공받기 위해서는 자신이 편의를 제공받아야 하는 시험특별관리 대상자임을 입증할 수 있는 정당한 사유와 객관적인 근거를 제시해야 한다.

시험특별관리 대상은 맹인, 저 시력자, 청각장애 보청기 사용자, 청각장애 지필 검사자, 뇌 병변자, 지체부자유자 등이다. 그런데 이에 대한 유권 해석 및 명확한 관리 지침이 세워져 있지 않다. 수능 시험을 담당하고 있는 교육청의 공무원들도 이 규정을 어떤 사람에게까지 적용할 수 있으며, 어느 정도까지 편의를 제공해야 할지 정확히 모르는 경우가 많다. 교육청에 전화 한 통해서 요구사항을 접수하는 것만으로는 결론이 나지 않는다는 말이다.

기면병을 앓고 있는 한 수험생이 교육청에 시험특별관리 대상자에 대한 유권 해석을 의뢰했다. 이 수험생에게 돌아온 답변은 "당신에게 1.5배의 시간을 주는 사이에 당신이 안 졸면 다른 사람에 비해 유리한 것 아니냐"는 짜증이었다고 한다. 담당 공무원이 수험생을 싫어하는 나쁜 사람이어서 그랬을까? 아니다. 그는 기면병이 보건복지부가 희귀난치성 질환으로 지정한 엄연한 뇌병변 질환으로 새로이 추가됐다는 사실을 몰랐을 뿐이다. 수험생이 알아서 미리미리 질병 관련 서류와 자료들을 준비해서 문의했다면 답변은 달랐을 것이다. 그렇다면 수능은 우리에게 어디까지 친절을 베풀어줄까?

풀이해서 말하자면 상식으로 타당하고 객관적 근거도 있는 수험생의 요구는 대부분을 들어주겠다는 것이다.

2011학년도 수능 날 아침, 과거 원더걸스의 멤버였던 선미가 다른 수험생과는 다르게 차량에 탑승한 채로 시험장 안까지 등교했다. 이에 대해 일부 수험생들이 연예인 특혜라는 의견을 제시했다. 그러나 이는 과도한 취재 경쟁으로 교문 부근에서 소란이 일어나서 다른 수험생에게 피해를 주는 것을 막기 위한 조치였다. 충분히 상식적이고 납득 가능한 설명이 아닌가. 또한 선미와 동일한 시험장에서 응시한 다른 수험생 중에도 불편한 몸 때문에 앰뷸런스를 타고 학교 안까지 등교한 학생이 있었다. 위의 두 사례 모두 충분히 납득 가능한 학생들의 요구였고 담당 교육청과의 협의 하에 필요한 조치를 받을 수 있었다.

시험특별관리 대상자와 관련해 가장 가슴 아픈 사례는 수능 시험 중간에 소란 행위자로 오해받고 퇴출당한 경도의 음성 틱장애(본인 의지와는 상관없이 특이한 소리를 내거나 발성을 하는 장애, 뚜렛증후군)를 앓고 있는 한 수험생의 이야기다. 이 수험생은 평소에는 증상이 심하지 않았기 때문에 별다른 준비를 하지 않고 수능 시험에 응시했다. 하지만 시험이 시작되자 긴장감이 높아지면서 시험 시간

중에 의도치 않은 소리를 내는 일이 발생했다. 결국 다른 수험생들의 시험을 크게 방해했고 시험 중간에 최초의 시험실에서 퇴출당해 혼자서 빈 교실에서 시험을 치렀다고 한다. 예상치 못한 상황에 급하게 마련한 시험실이 좋은 환경이었을 리 만무하다. 결국 그 수험생은 평소보다 기대에 못 미치는 성적을 받았다고 한다. 미리 준비해서 시험특별관리 대상자로 시험에 응시했다면 일어나지 않았을 수도 있는 사건이다. 수능은 친절하다. 단 먼저 부탁하는 사람에 한해서만 친절하다.

04 교육청과 시험특별관리 대상자에 대해 협의하는 방법

교육청과 협의할 땐 일단 충분한 객관적인 증빙 서류를 갖추는 것이 기본이다. 요구가 받아들여지지 않았을 경우에는 당사자인 '내'가 어떤 피해를 입게 된다고 호소할 것이 아니라 동일한 시험장에서 시험을 치르는 '학생들'이 이러이러한 피해를 입을 수도 있다는 데에 초점을 맞춰 설득하는 것이 필요하다. 수험생 한 개인의 피해를 방지하기 위해서 어떤 조치를 해주는 경우, 교육청 입장에서는 특혜 시비가 날 수도 있기 때문에 상당히 부담스럽다. 하지만 시험특별관리 대상자로 관리받으려고 하는 목적이 수험생 개인의 피해를 막는 것도 있지만 동일 시험장에서 시험을 치르는 다른 수험생의 추가적인 피해를 막기 위해서라면 교육청 입장에서 수험생의 요구를 훨씬 더 긍정적으로 받아들여줄 수 있을 것이다.

기면병을 예로 들어보자. 기면병의 특징적인 증상 중에는 갑자기 근육무기력과 함께 잠에 빠지는 탈력 발작과 입면 시의 환각 또는 환청이 있다. 만약 시험을 치르는 도중에 위와 같은 상태에 빠진다면 수험생 당사자가 잠드는 것은 부차적인 문제다. 수험생이 환각 및 환청으로 소란을 일으켜 동일한 시험실에서 시험을 치르는 학생들에게도 피해를 줄 수 있다. 교육청에 요구할 때는 이 점을 설명해야 한다. 물론 이 모든 사실들은 거짓을 보태거나 과장해서는 안 된다. 또한 누구나 납득 가능한 상식 수준의 주장과 함께 객관적인 자료가 있어야 한다.

수능 시험을 위한 특별 준비물 문의하기

가습기까지 챙겨가기 위한 사전 포석

특이한 종류의 준비물이 필요하다면 D−100에 즈음하여 정식으로 교육청에 문의나 협의를 거치는 것이 좋다. 가끔 휴대용 가습기의 사용 여부에 대해 교육과정평가원에 질문하는 학생들이 있다. 교육과정평가원의 공식 답변은 다음과 같다.

교육과정평가원 답변

가습기 등 시험과 관계 없는 물품의 경우는 원칙적으로 휴대 불가하나 특별한 사유 등으로 인해 반드시 소지해야 하는 경우에는 사전에 시험실 감독관에게 사유를 설명하고 허락을 받아야만 휴대가 가능합니다. 매 교시 감독관에게 당해 물품을 통한 부정행위 가능성에 대한 검사를 받은 후, 매 교시 시험 감독관의 안내에 따르시기 바랍니다.

수능 시험 전날 교육청에 전화해서 "비염이 심해서 건조하면 기침이 심하게 나는데 가습기 사용하면 안 되나요?" 이렇게 문의하면 100% 사용 불가라는 답변을 들을 수밖에 없다. 미리미리 그동안의 병원 진료 기록과 종합병원 의사의 소견서를 첨부해서 "질병의 진행 상황이 특이하고 심각하다. 그렇기 때문에 시험실이 너무 건조할 경우, 심하게 기침이 나서 나뿐만 아니라 같은 시험실에서 시험을 치는 학생들에게도 피해를 입히게 될 것 같다. 그러니 미리 시험실에서 가습기 사용 여부에 대해서 확답을 해달라. 시험실에 설치할 가습기는 사전에 구입해서 교육청의 허락을 받을 것이며, 당연히 설치 비용도 직접 부담하겠다"라고 연락을 해야 한다. 충분한 상식을 가진 담당자가 이 같은 수험생의 요구사항을 들었을 때 안 된다고 답할 가능성은 거의 없다.

05 특별 준비물을 거부당했을 때의 대처법

수능 시험 날에 필요한 특별 준비물을 챙기는 것에 대해 미리 문의하고 요구하였으나 담당자가 안 된다고 할 경우에는 다음과 같이 대처하도록 하자. "수험생이 이런 자료를 가져왔고 이러이러한 논리로 어떠한 요구사항이 있었는데 담당자 ○○○분의 어떠어떠한 판단에 의해서 불가능하다고 민원 접수된 사항에 대해서 확답을 주셨습니다"라고 확인서를 써달라고 하는 것이다. 즉 이후의 상황에 대해서 책임질 담당자를 정확히 지정해두는 것이다. 이는 만약의 사건이 생겼을 경우, 교육청에 강하게 항의할 수 있는 근거가 된다. 분명히 사전에 이러저러한 사건이 생길지도 모른다고 객관적인 근거와 전문가의 소견서까지 첨부해서 교육청에 연락을 했는데 불가 판정을 받고 이후에 사건이 발생했으니, 1차적인 책임은 물론 수험생 당사자에게 있지만 일부 책임은 교육청에 있는 것이 아니냐고 말이다. 설령 당해 수능에서의 불이익에 대한 보상은 없더라도 다음 해에 수능을 응시하면서 동일한 조건을 요구할 때 더욱더 힘을 실을 수 있다.

독감 예방 접종하기
내 몸, 강철무쇠라도 감기까지 단속하자

"수능 당일 감기 걸려서 시험을 망쳤다." 예전부터 수험생들 사이에서 많이 전해져 내려오는 이야기다. 수험생들은 무언중에 감기와 독감에 대한 두려움을 갖고 있다. 2010년 신종 플루로 대규모 격리 시험 사태가 벌어지면서 독감 예방 접종에 대한 궁금증도 많아졌다.

많은 사람들이 독감을 '독한 감기'로만 생각하는 경향이 있다. 하지만 독감과 감기는 원인이 확연히 다른 질환이다. 독감은 인플루엔자 바이러스에 의한 감염성 질환이다. 독감 예방 접종을 했을 때 실제 예방율은 80%로 맞기만 하면 100명 중 80명은 독감이 예방되니 당연히 맞아야 한다. 게다가 가격도 만 원 안팎으로 저렴하다.

독감 예방 접종을 할 때 가장 주의해야 할 점은 접종 시기다. 백신은 접종 받고 나서 빠르면 1주일, 보통은 2주일이 지나야 면역력이 생긴다. 또한 백신이 안전하기는 하지만 일종의 이물질을 몸속에 투여 받는 것이기 때문에 접종 후 1~2일간은 발열, 무력감, 근육통, 두통 등의 증상이 나타날 수 있다. 그러므로 수능 시험이 1주일 남은 시점이라면 독감 예방 접종은 무의미하다. 수능이 2주 이상 남아 있다면? 무조건 맞아야 한다. 주사한 대로 독감의 80%를 예방할 수 있는데 남는 장사가 아닌가. 제발 뭐든지 미리미리 해두자.

자신감 UP 다이어리 만들기
근거 있는 자신감의 보고, 공부한 내용 기록

이번에는 수능 시험 D-100에 찾아오는 불안감을 떨치기 위해 할 일에 대해 알아보자. 불안을 없애는 최고의 방법은 "나는 내가 할 수 있는 만큼 최선을 다해 노력했어. 이제 어떤 결과가 나와도 그건 하늘의 뜻이야"라고 스스로에게 말할 수 있을 만큼 노력하는 것이다. 하지만 실제로 이렇게 말할 수 있는 수험생은 드물다.

인간은 망각의 동물이다. 정말 열심히 공부했던 학생도 시간이 지나면 자신이 노력했다는 사실을 잊어버린다. 우리의 잠재의식은 부정적인 정보들을 선별적으로 받아들이는 경향이 있다. 나 자신에 대한 믿음을 갖는 데도 증거가 필요하다. 불안감이 큰 수험생들은 공부 다이어리를 만들면 좋다. 매일 공부를 마치고 잠들기 전에 10분 정도 시간을 내서 오늘은 얼마나 노력했는지, 어떤 과목을 공부했고, 무엇에 대해 고민했고, 얼마나 땀 흘려왔는지 등을 공부 다이어리에 기록해두는 것이다. 불안감이 밀려올 때마다 다이어리를 보면서 자신이 해온 것들을 확인해보자. 정말로 자기 자신이 보기에도 충분한 노력을 해왔다면 불안감은 줄어들고, 자신감은 쌓여갈 것이다.

D-100
MUST DO IT SCHEDULER

D-100	D-99	D-98	D-97	D-96	D-95	D-94
자신감 UP 다이어리 만들기 ☐						
D-93	D-92	D-91	D-90	D-89	D-88	D-87
D-86	D-89	D-88	D-87	D-86	D-85	D-84
					원서 사진 찍기 ☐	
D-83	D-82	D-81	D-80	D-79	D-78	D-77
			선택 과목 결정하기 ☐			
D-76	D-75	D-74	D-73	D-72	D-71	D-70
아랍어 접수하기 ☐			시험특별관리 대상자 문의하기 ☐			
D-69	D-68	D-67	D-66	D-65	D-64	D-63
				수능 특별 준비물 문의하기 ☐		
D-62	D-61	D-60	D-59	D-58	D-57	D-56
독감 예방 접종하기 ☐						

수능 D-100 공부법,
작심 100일의 승부수 던지기

수능 시험 D-100쯤이 되면 수험 생활에 익숙해지면서 현실을 인식하기 시작한다. 처음 고3 생활을 시작할 때에는 "난 ○○대학교 아니면 안 가" 하고 생각한다. 그러나 점점 자신의 실력에 대한 의심이 들면서 야심차게 세웠던 진학 목표 대학과 공부 계획은 무너지고 무엇을 해야 할지 고민만 늘어난다. 이때 해야 할 공부 방법 중 몇 가지를 알아보자.

수능 연계, EBS 어떻게 활용할까

처음부터 EBS를 반영해서 공부했어야 하지만 D-100 시점에서 아직 EBS를 한 권도 보지 않았다면 어떻게 해야 할까?

이 시점에서는 새롭게 공부하기로 계획된 문제집을 EBS로 바꾸는 게 현명하지만, 이미 공부하고 있던 문제집마저도 포기하고 EBS 교재로 노선 변경을 하는 것은 어리석은 일이다. 조금 세게 말해보자면 EBS 한 권도 안 풀어도 전혀 상관없다.

먼저 교과과정평가원에서 말하는 연계율 70%의 의미에 대해서 생각해보자. 연계율 70%는 의미 있는 수치라 대단하게 보이지만, 대한민국에서 출판되는 수능 문제집 중에서 70%의 연계율을 가지지 않는 문제집은 거의 없다. 일부 학생들은 연계율 70%가 '수능 시험에 EBS 문제집과 똑같은 문제가 70% 나오는 것'을 의미한다고 생각한다. 연계율의 의미는 같은 문제가 나온다는 것이 아니라 내용이 연계된 문제가 나온다는 뜻이다.

EBS 홍보자료

- 연계 원칙 : 교재의 문제를 그대로 출제하는 것은 아니나, EBS 수능 교재 및 강의 내용을 충실히 이해하면 풀 수 있도록 출제
- 연계 방안
  ① 교재에서 다룬 개념과 원리를 활용
  ② 교재의 지문, 그래프, 그림, 표 등 자료를 활용(핵심 제재나 논지 활용 포함)
  ③ 교재의 문제를 축소, 확대, 결합, 수정하여 출제

수능 시험에서 형식적으로 EBS 반영을 자랑하기 위해서 외국어영역이나 언어영역에서 EBS 문제집과 똑같은 '지문'이 한두 개 정도 나올 수 있다. 하지만 그 몇 문제를 위해서 기존의 손때 묻은 문제집을 버리고 새롭게 EBS 문제집으로 공부한다고 한들 그 문제를 수능 시험에서 맞힐 수 있다는 보장은 없다.

이때쯤에야 EBS 문제집으로 공부하기 시작하는 수험생들은 연계 대상에

포함된 문제집을 정확히 선별하지 못하고 급한 김에 당장 서점 진열장에 깔려 있는 문제집을 선택하는 경향이 많다. 많은 수험생들의 생각과 다르게 EBS에서 나오는 모든 문제집이 수능 연계 대상이 되는 것은 아니다. 그러니 새로 EBS 문제집을 추가해서 공부할 때는 교육과정평가원이 공표한 연계 대상 목록을 반드시 확인하고 골라야 한다. 가장 어리석은 행위는 옆 사람이 EBS를 보고 있다고, 혹은 뉴스에서 EBS가 중요하다고 말했다 해서 더욱더 중요한 문제집인 수능 기출문제집을 버리는 것이다. EBS 문제집과 그 외의 문제집을 한 권이라도 제대로 공부해본 적 있는 학생들은 알 것이다. EBS든 시중의 문제집이든 별반 차이없다. 기출문제를 제외하면 그놈이 그놈인 셈이다.

양으로 승부하는 공부? 질로 승부하는 공부?

수험생들이 말하는 '양치기'의 정의부터 알아보자. 양치기는 문제에 대한 심도 있는 고찰 없이 단순히 많은 양의 문제를 풀면서 진도를 빼는 것을 가리킨다. 모든 공부법은 장단점이 있기 때문에 딱 잘라서 무엇이 좋다고 말할 수 없다. 본인 스스로 문제풀이의 필요성을 느꼈다면 양치기도 좋은 공부법이다. 실력은 충분하지만 단순히 문제를 풀어나가는 속도, 특히 그중에서 수리영역의 단순 계산 부분이 취약한 수험생에게는 최고의 공부법이기도 하다. 하지만 단순히 많은 문제를 풀겠다고 마음먹어도 최대한 좋은 문제를 풀어야 한다. 양치기 공부도 가장 좋은 문제인 기출문제로 하는 것이다. 어떤 과목이든 기출문제는 이미 10년치 이상 쌓여 있고 여기에 6 · 9교과평 문제를 포함하면 그 양은 엄청나다. 이렇게 좋은 문제들을 버려두고 7~8월에 홍수처럼 쏟아지는 8절 문제집을 푸는 데 시간을 허비하지 말자. 수능이 임박해서 출시된 8절 문제집은 해설이 얇다. 또 새로운 문제들 즉 양치기를 하는 학생들 입장에서 "어, 이런 것도 있었어?"라고 할 만한 새로운 문제들을 내기 위해 지엽적인 부분에서 문제를 내는 경향이 많다.

정말 엄청난 속도로 누적되어 있는 기출문제를 모두 풀었다면 그다음에는 어떤 문제집을 풀어야 할까? 당연히 교육계의 최고 이슈가 되고 있는 EBS 연계 문제집을 풀어야 한다. 공부도 단순히 뒤에 쌓여가는 문제집의 양만을 늘려가는 것이 아니라, 어떻게 수능 시험과 연결될 수 있을지 고민하고 해야 한다.

파이널 강좌, 제대로 선택하자

D-100이 되면 학원이나 인강 사이트에서 파이널 총정리 강좌들이 열리기 시작한다. 언어 · 수리 · 외국어영역보다 탐구영역 강좌가 열리는 경향이 많다. 그중에서 가장 압축도가 높은 강의는 '추석 특강' 같은 단타 강의들이다. 혼자서 탐구영역의 방대한 내용을 정리하면서 헤매는 것보다 내용을 압축적으로 정리해주는 강의를 들으면서 갈무리하는 것이 낫다. 하지만 주의할 것이 있다. 강의만 들으면 모든 정리가 끝나는 특강이라 할지라도 강의 시간만큼의 복습 시간을 확보해야 한다는 것이다. 이와 관련해서 실제 인기 강사 출신인 Y의 이야기를 들어보자.

Q 정말로 파이널 강의만 들으면 모든 내용의 정리가 끝나는가?

최초로 파이널 강의를 계획할 때는 강의를 소개하는 문구 그대로 강의만 들으면 모든 내용의 정리가 끝날 수 있게 수업 내용을 짰다. 그리고 수업 이후 학생들의 자습 및 질의 · 응답 시간까지 포함해서 강의 계획을 잡았다. 하지만 학원가의 추세가 단타와 인강 위주로 가면서 예전처럼 강의 이후의 자습과 질의 · 응답 시간까지 포함하는 파이널 강의는 불가능하게 되었다. 강의 내용은 달라졌지만 '수업만으로 끝나는 완벽한 내용 정리'라는 소개 문구는 예전 그대로 사용하고 있다. 이는 마케팅적인 측면 때문이니 이해해달라.

Q 그러면 강의만 듣고 내용을 이해한다는 것은 불가능하다는 말인가?

상위권 학생들은 강의를 들으면서 매 순간 머릿속에 가지고 있는 개념들을 유기적으로 연결할 수 있기 때문에 강의만 들어도 내용의 복습과 취약 부분에 대한 강화가 가능하다. 하지만 중위권 학생들은 개념에 대한 어렴풋한 이해는 있지만 아직 완벽한 분류가 되지 않았고, 더욱이 문제에 대한 적용은 되지 않는 단계기 때문에 강의만 듣고 모든 걸 정리한다는 것은 불가능하다. 강의가 끝나고 나서 혼자만의 복습 시간을 무조건 가져야 한다.

Q 하위권은 언급하지 않았는데 왜 그런가?

하위권의 경우에는 파이널 강의가 무의미하다. 단지 심리적인 위안을 받기 위한 것이라고 생각한다.

Q 하위권 학생들에게는 어떤 충고를 해줄 수 있을까?

하위권이지만 꼭 사탐 · 과탐 과목에서 성적 향상을 하고 싶다면 지금이라도 기본으로 돌아가라고 말해주고 싶다. 수능이라는 범위를 100이라고 봤을 때, 하위권은 과목에 대한 전체 그림이 나와 있지 않다. 아무리 100이라는 범위를 훑어본다고 해도 머릿속에 남는 것이 없다. 수능에서 가장 빈출하는 부분을 100 중에서 20 범위 정도로 찾고 나서 그 부분부터 확실히 하나씩 해나가는 것이 오히려 성적 향상을 가져올 수 있다.

Q **그렇다면 결국은 파이널 강의에 대한 무용론이 아닌가?**

그렇지 않다. 혼자 공부하는 학생들의 경우, 특히 중 · 상위권 이상의 학생들은 파이널 강의로 탐구영역을 한 번쯤 정리하는 것이 필요하다. 7~8월에 학생들은 내용 정리에는 소홀하고 문제만 푸는 경우가 많다. 이렇게 공부하면 점점 자신이 틀린 부분에만 집착하게 되고 중요한 것이 무엇인지 잊어버리기 쉽다. 더욱이 혼자 공부하고 있다면 그 누구도 이때 옳은 방향이 무엇인지 가르쳐주지 않을 것이다. 이러한 학생들에게는 파이널 강의가 "중요한 것이 중요한 것"이라는 기본 원칙을 다시 일깨워주고 그중에서 취약했던 영역을 보완할 수 있게 해주기 때문에 의미가 있다.

D-60 INTRO
수능을 위한 뇌, 잠이 필요하다

D-60 MUST DO IT
Body & Mind Control

D-60 OUTRO
마음을 잡는 수첩

수능 시험 D-60

몸과 마음을 수능에 맞춰라

수능을 위한 뇌,
잠이 필요하다

어떻게 하면 시험을 잘 볼 수 있을까? 당연한 말이지만, 공부를 잘하면 어떤 시험도 잘 볼 수 있다. 그중에서도 유독 수능 시험에 강점을 보이는 이들이 있다. 내신보다 수능에서 실력 발휘하는 이들이다. 우리는 그런 사람을 가리켜 '수능형 인간'이라고 한다.

수능형 인간의 최대 장점은 고등학교 3년을 통틀어 나온 열두 번의 시험 결과를 단 한 번의 수능 시험으로 만회하거나 어떤 경우에는 뒤집을 수도 있다는 것이다. 수능형 인간은 말 그대로 수능 대박을 터트릴 가능성이 높다.

수능 시험을 60일 앞둔 지금, 이제껏 모의고사를 봐왔던 경험상 수능형 인간의 기질은 없는 것 같으니 그런 운은 애초에 바라지 말아야겠다고? 포기하지 말자. 사람들이 운이라고 이야기하는 것 가운데 대부분은 실제로 운이 아니라 노력이다. 평소 공부하는 데 노력을 기울이지 않으면 운도 따르지 않는다.

노력이 충분했다면 다음은 수능 당일의 컨디션이다. 어쩔 수 없는 특별한 질환들을 제외하면, 수능 당일의 컨디션이 시험에 가장 큰 영향을 미친다. 그리고 컨디션에 영향을 미치는 가장 큰 변수는 바로 잠이다. 그것도 그냥 잠이 아니라 숙면이다.

하루하루 다가오는 시험 때문에 제대로 잠을 이룰 수 없는 수험생들에게 잠을 잘 자야 한다는 말은 실현 불가능한 것처럼 들릴지도 모른다. 왜 잘 자야 하는 걸까?

수능 시험이 밤샘 공부로 승부 가능한 내신 시험과 다른 점

내신 시험을 준비할 때 몇 시에 잠들었나? 내신 포기족이 아니라면 보통은 새벽 2~3시에 잠들 것이다. 좀 열심히 하는 학생은 밤을 새는 경우도 있다. 그리고 다음 날 오전에 한두 과목의 시험을 치르고, 밥 먹고 점심시간에 한숨 잤다가 다시 시험을 보는 패턴을 가진 학생이 많으리라 생각한다.

여기서 질문 하나. 조금 피곤하더라도 밤을 새서 선생님이 찍어준 부분을 한 번 더 보는 것이 결과가 좋았는가? 아니면 공부하다가 다 포기하고 잠이나 한숨 푹 자고 맑은 정신으로 시험을 치렀을 때 결과가 더 좋았는가?

당연히 첫 번째 결과가 더 좋다. 더 많이 공부한 쪽이 더 뛰어난 성적을 거두기 마련이다. 그렇다면 당연히 의문이 생길 것이다. "실상이 이런데 왜 일찍 자라고 하지? 그동안 열심히 정리했던 거 다 보고 자면 안 되나?" 안 된다. 단언컨대 푹 자는 게 유리하다.

〈보기〉를 참고하여 위 시를 이해한 내용으로 적절하지 않은 것은?
[3점]

〈보기〉

「자화상(自畵像)」은 1941년 『문우(文友)』에는 '우물 속의 자상화(自像畵)'라는 제목으로 게재되었다. 이 제목에서는 '우물'과 '그림'이 부각되어 있다. 상징적 관점에서 볼 때, 우물은 자신의 모습을 투영해볼 수 있는 사물이고, 하늘을 향해 있는 동굴이며, 그 동굴의 원형인 모태(母胎)를 떠올리게 하는 공간이다. 이 점에서 보면, 이 시에서 우물 속의 자상화는 자신의 존재에 대한 화자의 인식과 태도를 다층적으로 담아내고 있는 그림이다.

① 제1연에서 '외딴', '홀로', '가만히', '들여다봅니다' 등으로 보아, '우물'은 화자의 모습을 투영해볼 수 있는 내밀한 공간이겠군.

② 제2연에서 '우물 속'에 들어 있는 자연은 하늘을 향해 있는 우물 속의 그림이므로, 화자가 지향해온 바를 담고 있겠군.

③ 제3연~제5연에서 '한 사나이'에 대한 화자의 반응들로 보아, 화자는 자신을 성찰하는 자세를 지니고 있겠군.

④ 제6연에서 자연과 '사나이'가 함께 나타나는 것은, 우물 속의 자상화를 들여다보는 화자가 존재 탐구를 끝냈음을 의미하겠군.

⑤ 제6연에서 '추억처럼'에는 고향과 같은 모태적 공간을 통해서 자신을 바라보려는 화자의 태도가 내포되어 있겠군.

내신 시험

위 시의 주제는?

① 후회   ② 자아성찰   ③ 사랑   ④ 과거 회상   ⑤ 자연 예찬

수능 시험과 내신 시험은 문제를 출제하는 방향부터가 다르다. 최근에는 어느 정도 출제 경향이 일치되어가고 있지만 아직은 많이 다르다. 윤동주 시인의 〈자화상〉을 지문으로 출제한 2011학년도 수능 언어영역 문제와 한 고등학교의 내신 시험 문제를 비교해보자. 두 문제가 어떻게 다른가? 딱 보기에도 문제의 길이부터 다르다. 두 문제 모두 객관식이지만, 내신과 달리 수능은 ①번부터 ⑤번까지 하나하나 짚어가며 생각을 해봐야 풀 수 있다.

내신 시험에서 평가하고자 하는 것은 학생들의 '학업 성취도'다. 문제는 수업 내용을 얼마나 잘 숙지했는지를 평가하는 데 주안점을 두고 출제된다. 그러나 수능은 수험생이 얼마나 지식을 숙지하고 기계적인 암기를 하고 있는지를 평가하지 않는다. 수능 시험에서 평가하는 것은 그동안 공부를 많이 했느냐가 아니라 앞으로 공부를 더 잘할 수 있느냐. 수능은 수험생이 논리적으로 사고하고 주어진 자료들을 해석해서 자신의 것으로 만들 수 있는지를 측정하려 한다. 수능에서는 단기 암기력이 아니라 사고력, 판단력, 논리력이 필요한 것이다. 그렇기 때문에 단순 암기로 해결 가능한 문제 출제가 많은 내신 시험과는 사용하는 뇌가 다르다. 주로 사고력, 판단력에 관계된 뇌의 영역은 뇌의 앞쪽 부분인 전두엽이고 단기간의 기억력에 관계된 영역은 해마다. 의학적으로 두 기관 모두 다 충분한 수면 시간이 확보되지 못하면 전체적인 활성이 떨어지지만, 그중에서도 특히 전두엽은 전날 충분한 수면 시간과 질이 확보되지 않으면 제기능을 다하지 못한다. 전두엽보다는 해마의 기능을 사용할 일이 많은 내신 시험에서는 좀 잠을 못 자는 일이 있더라도 시험 범위를 한 번이라도 더 보고 들어가는 것이 유리하다. 하지만 전두엽을 주로 사용하는 수능 시험은 원활한 뇌의 기능을 위해서 전날 숙면을 취하는 것이 무엇보다 중요하다.

수능형 인간이 되는 데 잠이 중요한 가장 큰 이유는 수능 시험이 아침 8시 40분에 시작해서 17시 35분에 끝나기 때문이다. 평소 자신의 생활을 생각해 보자. 아침 8시부터 오후 6시까지 낮잠 한 번 안 자고 보낸 적이 있었던가? 평소 낮에 자던 습관을 가지고 있는 사람은 수능 당일에도 졸릴 수밖에 없다. 설사 겨우 깨어 있다고 하더라도 집중력과 컨디션이 저하된 채로 멍하게 깨어있는 경우가 많다. 낮잠이 습관화되어 있으면 억지로 깨어 있더라도 우리의 몸이 '자야 하는 시간'이라고 인식하는 경우가 생기기 때문이다.

수능 시험 D-60. 이제부터는 수능 당일을 위해서 낮에 공부하고 밤에 자는 습관을 가져야 한다. 충분한 숙면이 수능형 인간의 뇌를 만들어주기 때문이다. 수능 시험까지 60일 남은 이 기간 동안 수능형 인간으로 다시 태어나자.

Body & Mind Control

D-60
MUST DO IT

01 수면과 컨디션 체크하기 ☑

02 아침 6시에 일어나는 습관 기르기 ☑

03 생리 주기 확인하기 ☑

04 밤새고 토익 응시해보기 ☑

05 마인드 컨트롤 훈련하기 ☑

06 이미지 트레이닝하기 ☑

07 시험 불안 해소 테크닉 익히기 ☑

수면과 컨디션 체크하기
모의고사로 보는 수능 컨디션 예보

평소에 늦게 자고 늦게 일어나 겨우겨우 학교에 가고, 점심 먹은 후 5교시에는 만날 졸거나 책상에 엎드려 자던 습관을 가진 사람이 수능 전날 겨우 하룻밤 푹 잔다고 시험 시간 내내 집중력을 유지하기는 어렵다. 열 살 버릇 여든까지 가고, 안에서 새는 바가지 밖에서도 샌다는 우리 선조들의 말은 결코 틀리지 않다.

잠은 개개인마다 차이가 있기 때문에 전날 몇 시간을 자야 한다거나 최소한 며칠 전부터 수능 당일의 컨디션을 위해서 일찍 자야 한다는 정확한 기준은 없다. 자신에게 맞는 기준은 스스로 찾고 확인해봐야 한다.

수능 시험 D-60쯤에 있는 모의고사는 이를 확인해볼 수 있는 절호의 기회다. 모의고사를 정말 수능 시험처럼 임해보는 것이다. 평소보다 좀더 일찍 자고, 일찍 일어나보자. 실제 수능 시험 당일 스케줄로 움직여보고 자신이 그날을 위해 컨디션 관리가 미리 필요한 사람인지, 아니면 별다른 준비 없이 전날 조금 일찍 자는 정도의 준비만 필요한 사람인지 확인해보면 된다.

내가 어디에 속하는 사람인지 어떻게 알 수 있느냐고? 간단하다. 모의고사가 끝나고 스스로에게 물어보면 된다. 하루 종일 사고력, 판단력, 집중력이 최상이었는지, 체력적인 한계는 없었는지 말이다. 객관적으로 판단할 수

58

있는 기준도 있다. 모의고사의 점수다. 평소랑 비슷한 점수가 나왔는지, 부쩍 올랐는지, 아니면 엄청나게 낮은 점수가 나왔는지 말이다.

대부분의 학생들은 하루만 일찍 잠을 자도 시험 날 몸이 상쾌하고 집중도 잘 된다. 하지만 어떤 학생은 일찍 잠을 자도 다음 날 여전히 피곤함을 느낀다. 하룻밤 일찍 자는 것으로는 만성적인 피로를 해소할 수 없기 때문이다. 이런 학생이라면 수능 당일 컨디션 확보를 위해 좀더 다양한 노력을 해야 한다.

Believe it or not

수능 당일도 졸립다?

시험장에 가보면 점심 먹고 3교시 외국어 영역 시간에 듣기평가가 끝나고 문제를 25번, 26번을 풀 때쯤 돼서 꾸벅꾸벅 조는 응시생이 가끔 있다. 어떻게 그 중요한 수능 시험을 보다 졸 수 있냐고? 3교시쯤 되면 수능 시험이라는 긴장감이 첫 1교시 때보다 풀리게 된다. 고요한 교실에서 똑딱똑딱 규칙적인 시계 초심 소리에 자기도 모르게 졸음이 오는 것이다. 여기에서 비밀 하나. 4교시에는 조는 사람이 없느냐고? 4교시는 과목당 30분이라는 짧은 시간 때문에 각각의 문제를 푸느라 정신이 없다. 또 마지막 시험이라는 생각에 나름 자극을 받은 건지 조는 사람이 없더라.

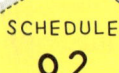

아침 6시에 일어나는 습관 기르기

아침형 인간 되기 프로젝트

좋은 컨디션으로 시험을 치르고 싶다면 수능 시험 D-60부터는 아침형 인간으로 태어나기 위한 노력을 해야 한다. 특히 예민하고 컨디션 기복이 큰 수험생들에게는 이 연습이 꼭 필요하다.

수능 당일 최상의 컨디션을 갖기 위해서는 어떤 생활 패턴을 가져야 할까? 먼저 현재 자신의 생활 패턴을 생각해보자. 하루 중 언제 가장 정신이 맑아지고, 집중이 잘되는가? 아마도 저녁 8시에서 11시 정도인 학생들이 가장 많을 것이다. 그때가 학원 수업을 듣거나 혹은 자율 학습을 하면서 정말로 자신만의 수능 공부를 하는 시간이기도 하다.

여러분이 최고의 컨디션이 되는 시간은 저녁 8시부터 11시, 하지만 수능이 시작되는 시간은 아침 8시부터다. 아침형 인간으로 다시 태어날 필요가 있는 것이다. 그리고 수능 한 달 전쯤이 되면 대부분의 학교에서는 기존에 하던 학교 수업을 줄이고 하루 종일 수능 일정에 맞춰서 자습 시간을 주는 경우가 많다. 하지만 예전과 같은 야행성 생활 습관이 계속 이어진다면 수능 당일에 최고의 컨디션을 갖기 힘든 것은 물론이고, 수능 직전의 소중한 주간 자습 시간을 자면서 다 날리게 될지도 모른다.

우선 수험생에게 적절한 수면 시간은 몇 시간일지 알아보자. 몇 시간을 자야 가장 좋을까?

 의학적으로는 적정한 수면 시간에 대한 정답이 없다. 개개인에 따라서 적정 수면 시간은 차이가 나는데 이는 선천적인 요인이 가장 크다. 사람에 따라서는 하루 3~4시간만 자도 쌩쌩한 사람이 있는 반면, 가만히 내버려두면 하루 10시간 이상을 자는 사람도 있다. 개인의 적정 수면 시간은 아무런 제약이 없는 상태에서 얼마나 자는지를 보면 알 수 있다. 적정 수면 시간이 3~4시간인 사람은 잠에 대해서 고민할 필요가 없다. 문제는 적정 수면 시간이 8시간을 넘어가는 수험생이다. 매일 자고 싶은 만큼 자면 충분한 수면 시간을 확보해 몸은 건강해지겠지만 정신은 썩어서 병들고 말 것이다.

 그렇다면 공부를 위한 최소 수면 시간은 몇 시간일까? ==수험생이 최소한의 피로를 회복하고 다음 날을 위한 에너지를 충전하기 위해서는 최소한 6시간 정도 수면 시간을 확보해야 한다.== 6시간은 '수면 주기'라는 개념에서 나온다. 우리가 잠자는 중에는 계속 똑같은 수면 상태가 지속되는 게 아니다. 역설수면(자고 있는 듯이 보이나 뇌는 깨어 있는 수면 상태로, 보통 안구가 신속하게 움직이고 꿈을 꾸는 경우가 많음)과 비역설수면이 번갈아 가면서 나타난다. 이 수면 주기가 한 번 끝나는 데 3시간 정도가 걸리므로 3의 배수로 수면 시간을 취해야 한다. 매일 3시간을 잤다가는 쓰러질 것이 분명하고 매일 9시간을 잤다가는 부모님께 맞아서 쓰러질 것이 분명하기 때문에 수험생에게 적정한 수면 시간은 대략 6시간이 된다. 매일 6시간을 자는 것이 가장 적정한 수면 시간이라면, 수능 당일 최상의 컨디션을 위해서는 몇 시에 일어나는 연습을 해야 할까?

==일어나는 시간은 아침 6시가 적당하다. 이는 뇌가 깨어날 시간을 확보하기 위해서다.== 뇌가 잠에서 깨어나서 가장 최고의 집중력을 발휘하기까지는 3시간 정도의 시간이 걸린다. 이를 수능 당일에 적용해서 생각해보자. 수능 1교시 언어영역은 아침 8시 40분에 시작된다. 아침 8시 40분에 뇌가 가장 최고의 집중력을 발휘할 수 있는 상태를 만들기 위해서는 이로부터 3시간 전인 5시 40분, 즉 6시에는 일어나야 한다. 물론 이보다 더 일찍 일어나고 싶은 사람은 더 일찍 일어나도 상관은 없다.

수험생에게 6시간 수면과 아침 6시 기상이라는 조건에 맞는 이상적이고 현실적인 수면 시간은 12시에서 6시 사이다. 단지 그 사이에 잠자는 것뿐만 아니라 낮 동안에 졸지 않는 연습도 해야 한다. 가장 졸린 시간이었던 오전 8시부터 11시 사이에는 맑은 정신을 유지하고, 예전에 가장 집중하던 저녁 8시에서 11시 사이에는 좀 꾸벅꾸벅 졸아도 괜찮다. ==단순히 과거의 생활습관에서 잠자는 시간을 좀더 늘리고 좀더 일찍 일어나는 것이 아니라 하루 중 가장 컨디션이 좋은 시간을 아침 8~11시 사이로 당겨야 한다.== 이렇게 생활 주기를 바꿔야 수능 당일 최고의 컨디션을 낼 수 있고 자습 시간을 효과적으로 활용할 수 있다.

 신체 리듬을 오전 8시에서 11시 사이로 앞당기는 2주간의 긴급 조치

아침에 일찍 일어나서 열심히 사는 습관을 들이는 건 매우 쉬워 보이지만, 사실은 정말 피나는 노력이 필요하다. 일찍 자야 일찍 일어나는 게 당연한데, 일찍 자는 것이 말처럼 쉽지 않기 때문이다. 평소 새벽 2시에 자던 사람이 갑자기 두 시간 앞당겨 12시에 자기는 정말 어렵다. 왜냐고? 하루를 마치고 돌아와 잠깐만 인터넷을 한다는 게 1시간을 훌쩍 넘겨버리기 십상이다. 하루 중 가장 달콤한 이 시간을 줄인다는 것은 불가능에 가깝다. 그렇기 때문에 생활 습관의 교정을 위해서는 일찍 일어나기를 먼저 시도하는 것이 낫다. 잠드는 것은 내가 그냥 침대에 누워서 잠들면 되지만, 일어나는 것은 스스로가 아니라 어머니가 깨워주기 때문이다. 어머니에게 억지로라도 6시에 깨워달라고 부탁하자. 비록 아침에 좀 어머니와 싸우기는 하겠지만 2주만 해보면, 전날 몇 시에 잠이 들든지 아침 6시에 일어나는 습관이 생길 것이다. 아침에 일어나는 시간이 고정되면 자연스럽게 잠드는 시간도 당겨진다. 이때 한 가지 조건이 있다. 단순히 아침 6시에 일어나기만 할 것이 아니라 학교에 가서 오전 내내 엎어져서 자는 일이 없도록 해야 한다. 힘들게 아침 6시에 일어나고는 학교에 가서 잔다면 이 무슨 소용인가? 2주 동안 샤프를 무릎에 피나지 않을 정도로만 찍으면서 '아침 6시 기상, 오전에 졸지 않기' 연습을 강행하자. 피나는 노력을 한 자에게 수능 당일 최상의 컨디션이 주어질 것이다.

낮잠을 줄이는 노하우, 아침밥 먹기와 햇살 쬐기

낮잠을 줄이는 것이 힘들기 때문에 여기서도 노하우가 필요하다. 아침에 일어나서 추가로 해야 할 일은 딱 두 가지다. 아침밥 먹기와 아침에 15분 햇살 쬐기.

아침밥을 먹어야 하는 이유는 에너지 차원이다. 공부의 핵심 기관인 뇌는 신체의 장기 중에서 특이하게도 오직 포도당만을 에너지원으로 사용한다. 포도당은 주로 탄수화물을 통해서 흡수할 수 있고 이렇게 흡수된 포도당은 대부분 ATP의 형태로 소모되거나 지방으로 바뀌어 몸속에 저장된다. 하지만 한 번 ATP나 지방으로 변환되어 저장된 경우에는 다시 포도당으로 변환될 수 없고 오직 간에서 글리코겐으로 변환되어 저장된 경우에만 다시 포도당으로 변환되어 뇌의 에너지원으로 사용할 수 있다. 그러면 다음과 같은 질문이 가능하다. "자기 전에 야식 먹고 자면 아침에 포도당, 즉 간에서의 글리코겐이 풍부하게 생성되어 있으니까 충분하겠네요?" 어리석은 소리! 우리의 뇌는 잠자는 동안에도 쉬지 않는다. 우리가 잠자는 동안 뇌는 낮에 공부한 내용을 분류하기도 하고 단기 기억을 장기 기억으로 바꾸는 일을 하기도 한다. 즉 밤에 잠을 자면서도 포도당을 소모한 뇌는 언제나 배고픈 상태로 아침에 일어나게 된다. 밤 12시에 야식을 먹었다고 가정했을 때, 아침밥을 먹지 않으면 점심시간인 12시까지 무려 열두 시간이 공복이다. 이는 많은 학생들이 아침에 엎드려서 자는 이유이기도 하다. 뇌가 아무리 깨어나고 싶어도 에너지원이 없어 활동할 수 없는 것이다.

아침에 15분 이상 햇살을 받으며 걸어야 하는 까닭은 우리 몸속의 생체 시계 때문이다. 생체 시계의 주기는 대체로 24시간 30분에서 25시간 정도라고 한다. 뭔가 이상하다고? 하루는 24시간인데 말이다. 즉 우리의 생체 시계와 지구의 시계는 하루에 30분에서 60분 정도 차이가 나는 것이다. 하지만 인간은 진화하는 존재이기 때문에 어긋나 있는 생체 시계를 돌려 맞추는 방법이 있다. 그것은 바로 빛이다. 3,000럭스 이상의 강한 빛을 쬐면 우리 몸은 그때를 일주기의 시작으로 인식하고 활기찬 하루를 시작한다. 또한 빛을 쬐고 나서 14시간 정도가 지나면 몸속에서 멜라토닌이 생성되면서 잠도 잘 오게 된다. 아침 6시에 일어나 씻고 아침밥을 먹고 등굣길에 학교 건물 주변을 가볍게 산책하면 그날의 에너지원과 일광욕은 충분하다.

생리 주기 확인하기
수능 긴장감만큼 불안한 생리통

생리통이 심하거나 민감한 여학생의 경우, 학교 시험 기간과 생리일이 겹치면 거의 초죽음 상태가 된다. 생리 예정일과 수능 날짜가 비슷한 시기에 있다는 것만으로도 스트레스를 받을 수 있다.

사춘기 여학생들은 자궁과 난소가 발육 과정 중에 있고 생식 기능이 미숙한 단계에 있기 때문에 생리통을 겪는 사례가 많다. 수능 날짜와 생리 기간이 겹친다면 최고의 컨디션을 내기 어렵고 자연히 시험 성적도 영향을 받을 수밖에 없다. 수능 날짜가 생리 기간과 겹치지 않더라도 유방통증, 두통, 복통, 피로감, 집중력 저하, 초조감, 어지러움, 짜증스러움 등과 같은 생리전증후군에 시달린 나머지 수능 성적에 영향을 받을 수 있다.

다른 학생들보다 유난히 생리통을 심하게 앓는다면 산부인과 전문의를 찾아 일차성 생리통인지 이차성 생리통인지 감별 진단을 받는 것이 필요하다. 뚜렷한 기저 질환 없이 단순히 생리 주기에 따라 나타나는 생리통을 일차성 생리통, 건강상에 다른 질환이 있어 발생하는 생리통을 이차성 생리통이라고 한다. 대부분은 특별한 원인 없이 겪는 일차성 생리통인 경우가 많다. 일차성 생리통의 치료 요법은 다양하다.

수능 날짜와 겹쳐지는 생리통을 피하기 위한 가장 효과적인 방법은 경구

==피임약 처방을 통해 생리 주기를 변화시키는 것이다.== 경구 피임약을 이용해 생리일을 지연시키려면 최소한 생리 예정일 일주일 전부터 피임약 복용을 시작해야 하고 생리를 늦추고자 하는 시기까지 매일 한 알씩 피임약을 규칙적으로 복용해야 한다. 피임약 복용 초기에는 일시적인 구토감이나 두통 등이 나타날 수도 있기 때문에 수능 시험 D-60 기간에 충분한 여유를 두고 피임약 복용을 시도하는 것이 좋다. 또한 경구 피임약을 매일 한 알씩 복용하면 일차성 생리통을 완화시켜주기도 한다.

피임약을 처음으로 복용하는 학생들은 호르몬제에 대한 지식이 없고 다른 질환과의 감별도 꼭 필요하므로 부모님과 함께 산부인과를 방문하여 전문의와 상담한 후 본인에게 적합한 약을 처방받아 복용하도록 하자.

밤새고 토익 응시해보기

불면 시뮬레이션

수능 전날 잠을 못 잘까봐 걱정하는 학생들이 있다. 전날 잠을 잘 자지 못 하는 이유는 다음과 같다. 첫째는 평소에 늦게 잠을 자는 생활 습관, 둘째는 수능 이틀 전부터 공부를 안 하고 너무 잘 쉬었기 때문에 피로도가 너무 낮아 서, 셋째는 커피와 같은 각성 작용이 있는 음료를 마셔서, 넷째는 수능 전날 의 과도한 긴장과 불안 때문이다. 첫 번째 원인은 '아침형 인간 되기 프로젝 트'로 어느 정도 해결할 수 있다. 두 번째는 아마도 이 책을 읽는 수험생이라 면 그럴 일 없을 거라 믿는다. 그러나 네 번째는 아침형 인간 되기 프로젝트 만으로 해결할 수 없는 심리적 부담감에서 온다.

수능 전날 안 자면 안 되는 것일까? 전날 잠을 자지 못했다면 피로 때문에 불리한 것은 맞지만, 생각만큼 수능 전날 불면의 영향은 크지 않다. 여러분 들이 생각하는 최악의 상황, 예를 들면 1교시를 치다가 픽 쓰러진다든가, 점 수가 50점 낮게 나온다든가 하는 상황은 잘 일어나지 않는다. 다른 사람에게 일어나지 않는 일이 내게는 일어날 수도 있지 않느냐고? 이런 불안이 생기 는 이유는 '나는 어제 잠을 자지 못했어. 그러니까 오늘 수능을 못 칠 수밖에 없겠지' 같은 부정적인 생각으로 시험에 임하기 때문이다. 이런 불안감은 정 면 승부를 통해 해소할 수 있다. 불면 앞에 강한지 약한지, 직접 시험해보는 것이다.

==불면이 자신에게 실제 어떤 영향을 미치는지 알아보는 제일 좋은 방법은 모의고사를 한 번쯤 안 자고 쳐보는 것이다.== 하지만, 이는 고3은 물론 고1, 고2에게도 불가능한 일이다. 부모님과 담임 선생님에게 수능 전날 잠을 자지 못할까봐 미리 밤새고 시험 치는 연습을 해보겠다고 했다가는 정말 잠에 들지도 못할 정도로 혼나기에 딱 좋다. "먹여주고 재워주고 용돈 주고 학원까지 보내주는데 왜 공부를 못해? 전날 잠이 안 올까봐 걱정된다고? 배가 불렀구나." 그들은 수험생이 왜 불안하고 힘든지 전혀 이해하지 못한다.

차선책은 토익이나 텝스를 응시하는 것이다. 시험을 쳐서 높은 점수를 받아오라는 것이 아니다. 실제 수능 시험장에 앉아 있다고 상상하면서 정말 잠을 못 자면 큰일 나는지 아닌지를 확인하는 것이다. 토익과 텝스를 부담 없이 보면서 마킹과 시간 관리도 연습하고 말이다. 만약 점수가 잘 나온다면 입시 원서를 쓸 때도 도움이 되지 않겠는가? 일석삼조다.

가장 추천하는 일정은 친구 두세 명과 같이 접수해서 시험 치기 전날인 토요일에 모여 밤샘 심야 영화를 보고 시험 치러 가는 것이다. 전날 정말 격하게 논 것만 아니라면 하룻밤 정도는 심각한 영향이 없다는 사실을 알게 된다. 그리고 그 이후에는 시험 전날 밤에 더 잠이 잘 올 것이다. 잠을 못 자는 데 대한 불안이 해소됐기 때문이다.

마인드 컨트롤 훈련하기
마음을 다잡는 것도 연습이 필요하다

수영선수 박태환은 경기 시작 직전까지 헤드폰을 귀에서 떼지 않는다. 시합 직전, 선수들은 엄청난 긴장감과 불안감에 휩싸인다. 이 순간 박태환은 음악을 듣는다. 음악을 들으며 잡념을 막고 오로지 자신에게만 집중하는 것이다. 박태환 선수에게 음악을 듣는 것은 마인드 컨트롤을 위한 습관인 셈이다. 긴장감을 줄이고, 집중력을 유지해 최상의 컨디션을 발휘하기 위한 심리적인 상태를 갖추기 위해 음악을 들었던 것이다. 이러한 행동 과정을 '루틴'이라고 한다.

수험생들도 박태환처럼 루틴을 만드는 것이 필요하다. 루틴을 어떻게 만드냐고? 그냥 평소에 문제를 풀던 습관 혹은 평소 모의고사를 치면서 항상 준비하던 필기구와 행동들 하나하나가 루틴이 될 수 있다. 대단한 건 줄 알았는데, 별것 아니라고? 별것 아니라고 치부한 루틴이 없어 긴장감에 바르르 떠는 수험생들이 얼마나 많은지 모르는가?

수능 날 아침을 생각해보자. 많은 수험생들이 당일 아침에 떨린다고 말한다. 당연히 떨릴 수밖에 없다. 낯선 시험장에서 아는 사람 하나 없이 혼자 앉아 있으면, 추위가 더욱더 크게 느껴질 것이고, 긴장감이 높아지면서 집중력은 흐려지고 잡념에 빠지기 쉽다. 그럴 때 내가 평소 공부하기 전에 습관처럼 해왔던 동작들을 하면서 자신만의 리듬을 찾자는 것이다.

박태환 선수가 음악을 들으면서 준비를 하고 바로 경기에 임하는 것이 긴장 해소를 위한 습관 즉 루틴이고, 긴장 해소를 위해 이어폰을 잊지 않고 챙겨서 음악을 듣기 시작하는 것이 '트리거'다. 어떤 긴장 상황에 처하더라도 음악을 듣기만 하면 평소 연습하던 상황과 기분이 떠오를 것이고 불안감이 끼어들 틈도 없이 경기에 임할 수 있다. 왜냐고? 평소에도 음악을 들을 때마다 시합 직전을 상상하면서 의식적으로 준비를 해왔기 때문이다. 어떤 습관이라도 좋다. 그냥 뭔가 긴장된 상태에서도 긴장을 풀 수 있는 자신만의 습관, 즉 루틴과 트리거를 만들어놓자.

'이거 일종의 징크스 같은 건가?'라는 생각이 이쯤에서 들지 않는가? 징크스라고 불러도 좋고, 준비 동작이라고 해도 좋다. 어쨌거나 수능 당일 쉬는 시간에 무엇을 하면 좋을지 미리 생각해두고 시험 D-60부터는 그 행동이 습관처럼 몸에 배도록 해보자. 당일의 긴장감은 이렇게 습관화된 행동을 통해 자연스럽게 해소될 수 있을 것이다. 별것 아닌 징크스로 수능 당일 최상의 컨디션을 이끌어낼 수 있다면 결코 별것 아닌 게 아니다.

하지만 수능 당일을 위한 루틴을 만들 때 주의해야 할 점이 있다. 수능 당일은 전자기기 반입이 금지되기 때문에 박태환 선수처럼 음악을 들을 수는 없다는 점이다. 그러니 간단한 스트레칭이나 자기에게 주는 메시지 보기, 연필 깎기 같은 수능 당일 실제로 할 수 있는 행동들을 고려해보자. 그대는 제약이 많은 대한민국의 수험생이다.

이미지 트레이닝하기

10000분의 1이라도, 그 가능성을 염두한다

수능 시험을 처음 보는 수험생들에게는 걱정되는 일이 한두 가지가 아니다. 과연 시험장은 어떤 분위기일지, 수능 시험 당일의 긴장감은 얼마나 될지, 한 번도 경험해본 적 없는 상황이기에 모든 게 궁금하고, 모든 게 불안 요인이다. 이런 불안은 불면 시뮬레이션처럼 한번 해보면 불안을 떨칠 수 있지만, 실제로 수능 시험을 여러 번 응시해본다는 것은 불가능하다. 하지만 방법이 있다. 상상으로 수능 시험에 응시해보는 방법이다. 수능 시험 날의 여러 가지 상황을 상상해보는 것이다. 자연스럽게 최고의 컨디션에서 시험 치는 상상을 할 수도 있고 반대로 어떤 사건이 일어났을 때 무엇을 하면 되는지도 상상해볼 수 있다. 이것이 바로 이미지 트레이닝이다.

이미지 트레이닝은 크게 두 가지로 나누어볼 수 있다. 혹시 모르는 돌발 상황에 대처하기 위한 부정적 이미지 트레이닝과 최고의 컨디션을 이끌어내기 위한 긍정적 이미지 트레이닝이다.

자, 이제부터 시험 중에 일어날 수 있는 돌발 상황들에 대해서 하나씩 상상해보자. 어떻게 하느냐고? 걱정하는 사건·사고 상황들이 수능 당일에 실제로 일어난다면 어떻게 해결할지 생각해보기만 하면 된다. 단 상황을 구체적으로 상상해야 한다. 또 사고 상황만 상상할 것이 아니라 무사히 완벽하게 상황을 끝마치는 것까지 상상하는 것이 중요하다.

수리영역을 풀면서 가장 흔히 일어나는 상황 중 하나인 시간이 부족한 경우에 대한 이미지 트레이닝을 해보자. 2교시 수리영역에서 18번 문제를 풀다 문득 30분밖에 시간이 남아 있지 않은 것을 깨달은 상황이다. 미리미리 시간 조절에 유의해야 했지만 풀릴 듯 풀리지 않는 앞 문제 때문에 너무나도 많은 시간을 소모해버렸다. 이 상황에서 어떻게 생각하고 행동하게 될지 떠올려보자.

부정적 상황 이미지 트레이닝 예시

2교시 수리영역, 남은 시간은 30분. 지금 풀고 있는 문제 번호는 18번, 남은 문제 12개. 아직 마킹은 시작도 하지 않은 상태다. 17, 18번 문제에서 예상외로 너무 많은 시간을 소모해버린 바람에 큰일이 난 거 같다. 어떻게 해야 할까?

후~ 미칠 것 같다. 평소에도 시간 관리에 실패할 때가 많았는데 역시 수능 날에도 빵꾸가 나는구나.

하지만 너무 긴장하지 말자. 나에게는 아직 30분이라는 시간이 있다. 일단 손에서 연필을 내려놓고 잠깐 심호흡을 하자. 실수는 실수. 남은 시간은 남은 시간. 힘내자!

일단 마킹부터 하자. OMR카드의 이름과 수험번호 확인하고! 지금까지 풀어둔 18번까지는 확실하게 해야지.

후~ 심호흡 한 번 하고 마킹하는 데 6분 걸렸네. 남은 시간은 25분쯤 되나? 마지막에 마킹할 시간이 부족할 테니까 문제를 푸는 족족 마킹하도록 하자.

일단 쉬운 주관식 문제부터 풀자. OK. 세 문제는 풀었고 남은 시간은 20분, 남은 문제는 9개. 어떻게 풀어야 하지? 일단 시간 내 풀 수 있는 쉬운 문제부터 푸는 것이 정답인데, 20분 동안 남은 문제를 한 번씩 다 본다는 것은 어려우니까 쉽게 풀 수 있는 문제를 찾아보자.

증명 문제인 19번이랑 행렬 연산의 특징을 묻고 있는 22번이 일단 계산이 없어서 빨리 풀 수 있을 것 같다. 그리고 고난도인 25번, 30번은 일단 제끼고. 어라, 24번도 '미분 가능한' 개념을 묻는 문제구나. 이런 문제들이 계산할 필요도 없고 오답이 아닌 것만 골라 내면 충분하지. OK. 19, 22, 24번부터 풀자.

역시 계산이 없는 문제라서 그나마 좀 쉽네. 완벽히 풀어냈고 이제 남은 시간은 10분. 이제는 풀기 쉬운 문제가 뭔지 모르겠다. 그냥 순서대로 풀어보자. 어려우면 넘기고 말이야.

20번 수열 문제, 시간 걸리니까 통과. 21번 확률 · 통계 문제, 풀어보자. OK. 풀었으니 21번 바로 마킹하고. 어라, 시간이 5분 남았네. 앞으로 3분만 더 풀어보고 모르면 찍자.

23번은 그래프를 그리면 될 것 같은데 시간이 2분밖에 안 남았네. 나머지는 찍어야겠다. 최후의 방법! 그동안 OMR카드의 전체적인 그림을 보니 대충 ③번이 제일 적어 보이네. OK. 못 푼 문제는 다 ③번으로 찍고, 주관식은 작년까지 10자리가 많이 나왔으니 13으로 둘 다 마킹해야지. 종료종 울리기 전까지 반드시 마킹을 끝내야 해.

그래도 30분 안에 문제 6개는 확실히 풀었고, 한 문제는 50% 확률로 찍었고, 일단 대충 보기 개수라도 세고 한 번호로 밀기라도 했으니 이 정도면 30분 치고는 많이 해낸 것 같다. 점심 맛있게 먹고 파이팅.

이런 방식으로 머릿속에서 처음부터 끝까지 한 번만 상상해보면 된다. 이와 같이 ==평소에 자주 겪는 실수 상황이나 실제로 일어날까봐 무서운 상황들을 한번 쭉 적어보고 스스로 그런 상황들을 어떻게 헤쳐나갈까, 어떻게 해야 미리 연습해왔던 것들을 잊어버리지 않을까 생각해두는 것이다.==

이미지 트레이닝은 사람에 따라 조용히 명상하듯 눈을 감고 하는 것이 좋을 수도 있고, 종이 위에 써서 상황을 정리해가며 하는 것이 편할 수도 있다. 아니면 친구와 같이 점심을 먹으면서 "너라면 이런 상황에서 어떻게 할래?" "나는 이렇게 할 거야. 넌?" "음. 그건 너한테 딱 맞는 방법이야. 하지만 나는 요렇게 할래." 이런 식으로 이야기해도 상관없다. 중요한 것은 수능 당일에 생길 수 있는 부정적인 상황을 미리 가정해보고 상상 속에서라도 문제를 해결해보는 것이다.

이런 이미지 트레이닝을 해본 사람과 해보지 않은 사람은 실제로 문제 상황이 생겼을 때 대처하는 방법이 다르다. 평소 수리영역에서 시간 부족을 한 번도 겪어본 적 없는 학생은 남은 시간이 30분밖에 안 되는 상황을 맞는 그 순간, 당황해서 아무것도 하지 못한다. 하지만 단 한 번만이라도 이런 상황을 상상해본 적 있다면 실제로 그런 상황에 처했을 때 덜 당황하고 그나마 피해를 최소화할 수 있다.

시험 불안 해소 테크닉 익히기

누구나 불안하다, 그러나 불안을 떨치는 방법은 누구나 알지 못한다

아무리 자신만만하고, 모든 일에 무사태평한 성격을 가진 수험생이라도 이때쯤이면 한 번쯤 불안감을 느끼게 된다. 대부분 일시적이고 일회적인 불안감이다. 하지만 공부하는 데까지 영향을 주는 불안감이 사그라들지 않는다면, 불안을 떨치기 위한 다른 방법을 강구해야 한다. 불안감이 극심한 수험생들이 간단히 혼자서 할 수 있는 불안 치료 방법을 소개한다. 현재 심리학과 정신과학 분야에서 불안을 치료하는 방법으로 잘 알려진 '희망–절망의 대차 대조표'를 작성하는 방법이다.

방법은 간단하다. 연습장 한 쪽에 다음 표를 그려보자.

시험에서 불안한 점들	시험에서 자신 있는 점들
불안 요소의 합리성/실제로 일어난다면	내가 할 수 있는 것들

이 표의 빈칸을 하나씩 채워나가자. 채워나가는 것에도 요령이 있다. 처음에는 '시험에서 불안한 점들'을 써보자. 크게는 막연한 미래에 대한 불안감에서부터 작게는 소소한 고민들까지 말이다. "EBS 공부를 못했다" "엄마가 너무 기대를 많이 하신다" "대학 가도 살이 안 빠질 것 같다" "학교 밥이 맛없다. 먹다가 체할 것 같다" 등등 아무거나 적어보자. 어차피 남한테 보여줄 것이 아니라 혼자서 볼 것이기 때문에 어떤 내용이라도 좋다. 조금이라도 마음속에 불안감을 키우는 것이 있다면 주저 말고 적어보자. 아마 연습장 한 장을 꽉 채우고도 적을 것들이 계속 넘쳐날 것이다. 어차피 공부도 잘 안 될 테니 계속해서 적어보자. 아마 남들은 공부를 열심히 하고 있는 줄 알 것이다. 생각할 수 있는 모든 불안하고 절망적인 요소들을 다 적어보자.

이번에는 옆 칸으로 눈을 돌려서 '시험에서 자신 있는 점들'을 적어보도록 하자. 평소에 칭찬해주는 사람도 거의 없고 엄마는 항상 옆집 1등 하는 아들과 비교만 하실 것이다. 스스로가 아니면 아무도 지금 여러분이 가지고 있는 장점을 찾아주지 않는다. 그 어떤 사소한 것이라도 좋다. 실제 학생들이 작성한 자신 있는 점 목록 중에는 "엄마가 나한테 어떤 기대도 하지 않아서 부담감 없이 시험 칠 수 있다" "공부를 못하게 생겨서 수능 날 아무도 건드리지 않을 것 같다" 같은 재미있는 항목들도 있었다. 처음에는 자신이 가진 좋은 점에 대해서 많이 적을 수 없을 것 같지만 실제로 하나씩 적어나가면 생각보다 꽤 많은 점들을 적어나갈 수 있다. 못 믿겠다고? 실제로 해보면 안다. 나라는 사람도 장점이 많은 꽤 괜찮은 사람이며, 희망적인 면이 많다는 점을 말이다. 여기까지만 해도 많은 학생들이 막연한 불안감이 사라졌다고 말한다. "어떡해요? 답답하고 불안해요" 하면서 가만히 있는 것이 아니라 직접 펜을 들고 나라는 사람을 객관화해서 볼 수 있었기 때문이다.

이제 해야 할 과정은 '시험에서 불안한 점들'에 적어놓은 것들이 정말로 합리적인 걱정인지 파악하는 것이다. '불안 요소의 합리성/실제로 일어난다면' 칸을 채워 넣어보자. '시험에서 불안한 점들'에 적은 것들이 실제로 시험 성적과 상관 있는 것인지, 그리고 일어난다면 어떤 사건일지 하나씩 곰곰이 따져보는 것이다. "EBS 공부를 못했다"라는 불안을 곰곰이 생각해보자. EBS를 공부하지 않은 것이지, 수능 공부를 못한 것은 아니지 않는가? 실제 수능에서 EBS가 많이 나온다고 해도 평소에 열심히 공부했다면 다 맞힐 것이고 그렇지 않다면 틀릴 수밖에 없다. "EBS 공부를 못했다"와 수능 시험을 잘 못치는 것 사이에는 합리적인 연결고리가 없다. "엄마가 기대를 너무 많이 하신다"라는 항목을 생각해보자. 어머니가 기대를 많이 하는 것 같아서 공부하는데 부담스럽다는 것은, 냉정히 생각해보면 시험과 상관이 없다. 시험은 나 혼자 시험장에서 치는 것이다. 어머니가 옆에서 시험 치는 모습을 지켜보고 있는 것은 아니다. 이런 종류의 불안이 실제로 현실이 될 상황도 한 번 가정해보자. "어머니의 기대를 충족시켜드리지 못했다"라는 현실이 나타났을 때를 가정해보는 것이다. 어머니의 기대보다 낮은 시험 성적을 거둔다면 어머니는 당연히 실망할 것이다. 하지만 이번 수능 시험을 잘 치지 못했다고 해서 어머니에게 자랑스러운 나의 모습을 보여줄 기회가 다시는 오지 않는 게 아니다.

또 어머니의 사랑이 변하지도 않는다. 말 그대로 단지 불안한 상상일 뿐이다. 이런 식으로 내가 불안해하고 자신 없는 점들을 하나씩 냉정하게 생각해보는 것이다. 이렇게 분석해보면 "대학 가도 살이 안 빠질 것 같다"처럼 정말로 쓸데 없는 고민도 있고, "수능 원서 마감일이 지났는데 깜박하고 접수를 못했다"처럼 정말로 해법이 없고 포기해야 하는 불안 요소도 있다.

'불안 요소의 합리성'을 따져 쓸데없는 것으로 판명난 불안은 지우고, 이번에는 남아 있는 불안 요소들을 하나씩 구분해보자. '나에게 속한 것' '다른 사람에게 속한 것' '어쩔 수 없는 영역'으로 나눠보는 것이다. EBS 공부를 하지 못한 것은 나의 문제이고, EBS가 수능에 많이 출제되는 것은 어쩔 수 없는 영역이다. 어머니가 내게 기대를 많이 하는 것은 어머니의 영역이고, 기대를 충족시켜드리지 못할까봐 걱정하고 있는 것은 나의 영역이다.

구분을 마쳤다면 이제 마지막이다. 나의 영역으로 분류한 것들을 보면서 '내가 할 수 있는 것들'이 무엇인지 찬찬히 생각해보자. 이 역시 잘 생각나지 않을 것이다. 윗칸에 있는 '시험에서 자신 있는 점들'을 참고하면서 시험을 잘 치기 위해서 무엇을 할 수 있는지 생각해보자. 처음에는 아무런 해법도 보이지 않고 막막하기만 했던 불안 요소도 냉정하게 분석해보면 실제로는 별것 아닌 것들도 많고, 나의 노력으로 해결할 수 있는 것들도 많다. 단순히 불안한 감정에 휩쌓여 있을 때는 아무것도 하지 못한다. 하지만 이렇게 시간을 들여 대차 대조표를 작성해보면 내가 무엇을 해야 하는지 아는 단계까지 나아갈 수 있다.

시험 전 불안에 대해 마지막으로 해주고 싶은 이야기가 있다. 그것은 바로 누구나 불안하다는 사실이다. 불안이나 고뇌가 없는 인간은 단지 노력하지 않는 인간일 뿐이다. 정말로 강해지고 싶다면 고독이나 불안, 고뇌를 물리치는 방법을 찾고 스스로의 힘으로 배워나가야 한다. 원래 모든 인간은 불안한 존재다. 잊지 말아야 할 것은 지금 이 책을 읽고 있는 당신만 불안감에 사로잡혀 있는 것이 아니라 세상 모든 수험생이 불안하다는 사실이다. 너무 혼자만의 문제로 고민하지 말자. 무슨 일을 하든지 미래에 대한 불안감은 당연히 존재할 수밖에 없다. 그러니 더 이상 불안해하지 않아도 된다. 당신 혼자 그렇게 아파하는 것은 아니니까 말이다.

 미신이라 해도 있으면 안심되는 불안을 떨치는 나만의 토템 만들기

충분한 노력을 했음에도 여전히 불안하다면, 혹은 해놓은 게 없어서 지푸라기라도 잡고 싶은 수험생이라면 시험 불안에 대응하는 또 다른 비기를 추천한다.

먼저 불안을 심리적으로 접근해보자. 종교가 있는 학생에게는 종교에 의지하는 것을 추천한다. 신앙 생활을 열심히 하는 것만으로도 많은 불안이 사라진다. 불안을 사라지게 하는 특정 종교가 있는 것은 아니다. 대부분의 종교가 사람의 마음에 위안과 위로, 희망을 주기 때문에 종교에 의지하는 것이 불안을 없애는 좋은 방법이 될 수 있다.

혼잣말이나 혼자 놀기에 익숙한 학생에게는 자기최면법을 추천해줄 수 있다. 자기최면이 뭐냐고? 쉽게 말하면 실제로 여러분이 믿든지 믿지 않든지 상관없이 그냥 평소에 끊임없이 자기 스스로에게 말하는 것이다. "나는 시험을 잘 치고 ○○대학교에 갈 것이다" "나는 무엇이 된다" 등 여러분이 원하는 결과를 스스로에게 계속해서 말해주는 것이다. 단순히 말로만 할 것이 아니라 눈길이 닿는 여러 장소에 나에게 주는 메시지를 써두는 것이 좋다. 효과가 있느냐고? 단기간에는 효과가 나타나지 않지만 시간이 지나면 괜찮은 효과가 있다. 계속 자신에게 말하다 보면 나중에는 당연히 믿게 된다. 믿는다고 해서 다 이루어지는 것은 절대로 아니지만, 스스로의 가능성을 자기 세뇌를 통해서라도 믿는 사람과 아니면 믿을 생각조차 해보지 않는 사람 중 누가 더 가능성이 높겠는가?

자기최면이 손발이 오그라들어 잘되지 않는다면 자신만의 토템을 만드는 방법도 있다. 불안이란 내 자신의 미래에 대한 부정적인 환상에 휩싸여서 상황을 객관적으로 보지 못할 때 나타난다. 그럴 때 자신이 뭔가 의지할 것이 있음을 알게 해주거나 다른 기분을 만들어주는 물건 하나를 미리 만들어두는 것이다. 기독교인이면 십자가 목걸이를, 불자라면 손목에 감는 염주를, 가톨릭이라면 묵주를 추천한다. 종교가 없더라도 각자 스스로의 각오와 믿음을 담아서 기념품을 만들 수 있다. 그 물건에 스스로에게 주는 메시지를 새겨놓고 공부할 때마다 책상 위에 세워두거나 갖고 다니면서, 불안감이 들거나 힘들다는 감정 등이 생길 때 그 물건을 보면서 마인드 컨트롤을 해보자. 그 물건을 보면, 그동안 공부해왔던 과정이 떠오를 것이고 자신에 대한 믿음도 단단해질 것이다. 불안감에 휩싸여 자신에 대한 믿음까지 사라지려 할 때, 그 물건 하나를 보는 것만으로도 든든해질 수 있다.

D-60
MUST DO IT SCHEDULER

D-69	D-68	D-67	D-66	D-65 수능 특별 준비물 문의하기 ☑	D-64	D-63
D-62 독감 예방 접종하기 ☑	D-61	D-60 수면과 컨디션 체크하기 ☐	D-59	D-58	D-57	D-56
D-55 아침 6시에 일어나는 습관 기르기 ☐	D-54	D-53	D-52	D-51 생리 주기 확인하기 ☐	D-50 밤새고 토익 응시해보기 ☐	D-49
D-48	D-47	D-46	D-45 마인드 컨트롤 훈련하기 ☐	D-44	D-43	D-42
D-41	D-40 이미지 트레이닝하기 ☐	D-39	D-38	D-37	D-36	D-35
D-34	D-33	D-32	D-31 시험 불안 해소 테크닉 익히기 ☐	D-30	D-29	D-28
D-27	D-26	D-25	D-24	D-23	D-22	D-21

마음을 잡는 수첩

학생들이 자주 하는 고민 중의 하나는 잡념과 놀고 싶은 마음 때문에 공부가 정말 안 된다는 것이다. "누구는 공부가 정말 재미있다는데 왜 나는 매일 놀고만 싶을까요?"라고 말이다. 밖에 나가서 맑은 공기도 한번 마시고 기분 전환을 했는데도 계속 머릿속에 다른 생각들만 머문다는 거다.

그럴 때 해주는 말은 "독하게 마음먹는다고 해서 하기 싫은 공부가 좋아질 리 없고, 공부가 잘될 리도 없어. 열심히 하려고 한다고 해서 잘될 것 같으면 이미 됐을 거야"다. 그리고 조그맣고 멋진 다이어리 하나를 준다. "하고 싶은 일들이 생각나고 놀고 싶을 때, 다시 마음을 잡고 공부를 하려고 해도 공부가 잘 안 될 때는 그냥 조용히 책을 덮어. 그리고 이 수첩에 지금 생각하는 것들에 대해서 하나씩 써봐. 단순한 잡념부터 하고 싶은 일, 놀고 싶은 것 등 뭐든지 좋아."

두더지 게임처럼 머릿속에서 튀어나오는 놀고 싶다는 마음과 잡념, 공상

82

들은 막상 종이에 옮겨 적어보면 이상할 정도로 시시할 때가 많다. 딴생각은 딴생각일 때에만 매력적인 법이다.

머릿속 딴생각들, 그중에서도 특히 놀고픈 생각들이 마구마구 떠다닌다면 조용히 수첩을 펴서 하나씩 정확히 정리해보자. 앞으로 대학에 합격하고 나서 하고 싶은 일 목록을 만들어보는 것이다. 정말 많은 잡념이 머릿속을 떠돌아다니는 것 같지만 실제로 적어보면 몇 가지 되지 않는다. 나를 괴롭히는 딴생각들이나 놀고 싶은 일들의 목록을 정리하는 데 10분이면 충분하다.

왜 그냥 공부하던 연습장에 생각을 정리하는 것이 아니라 굳이 수첩을 따로 마련해서 생각을 정리해보라고 하는 걸까? 수험 생활을 하면서 수첩에 적어둔 것들을 대학교에 합격한 후 하나하나 실현해보는 것이 정말 즐거운 일이기 때문이다. 이런 것들을 따로 적어두지 않으면 합격자 발표 후, 정말 시간이 많을 때 누워서 케이블 TV만 보고 있는 자신을 발견하게 될지 모른다.

수첩 하나로 마음도 다잡고, 수능 시험이 끝나거나 합격자가 된 후에도 무엇을 하고 놀 것인지 스케줄도 짜보고…. 여러모로 의미 있는 수첩을 만들 수 있을 것이다.

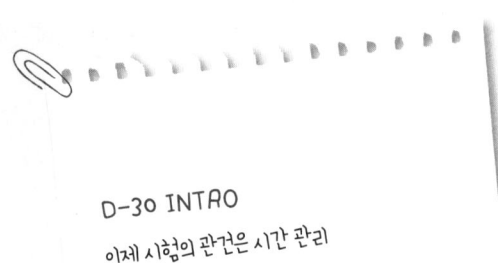

수능형 인간으로
변신,
시험을 바꾸는
30일

이제 시험의 관건은
시간 관리

수능과 모의고사의 가장 큰 차이점은 수능 시험은 피도 눈물도 없다는 것이다. 모의고사는 시험종이 울리기 전에 미리 문제를 풀기 시작하는 것도, 시험종이 울리고 나서 마킹을 하는 것도, 심지어는 쉬는 시간이 지나고 나서 교무실에 답안지를 제출하러 가는 것도 가능하다. 하지만 수능 당일에는 이모든 것들이 부정행위가 된다. 말 그대로 종이 울리는 순간 종료된다. 수능 시험의 시간 준수는 엄격하다. 엄격하다 못해 가혹하기까지 하다. 문제 풀이를 시간 안에 다 하지 못해 시간을 더 달라고 하는 것은 꿈도 꾸지 않을 테지만, 혹시나 마킹하는 시간은 인간적으로 1초라도 주지 않을까 하는 기대도 품지 말자. 감독관도 수험생도 모두 칼같이 날카로운 수능 시험은 인간적인 면이 한 치도 있을 수 없다.

그렇기 때문에 수능 시험에서 가장 중요한 것은 시간 관리다. 주어진 시간을 어떻게 관리해서 사용해야 할까?

가장 이상적인 모습은 주어진 시간 안에서 주어진 모든 문제를 다 풀고 재확인까지 한 다음 여유롭게 한 문제 한 문제 확인해가면서 마킹을 하는 것이다. 하지만 이것 역시 실현 불가능한 꿈이다. 대한민국에서 이렇게 여유롭게 문제를 푸는 학생이 얼마나 되겠는가?

우리가 실현 가능한 목표는 시험의 난이도에 상관없이 주어진 시간 안에 모든 문제를 끝까지 훑어볼 수 있는 시간을 확보하고, 그중에서 쉬운 문제부터 골라내서 풀 수 있는 문제를 다 푸는 것이다. 괜히 어려운 문제를 풀다가 시간 낭비하지 않고 쉬운 문제부터 푸는 것만 제대로 할 수 있어도 다른 수험생들보다 한발 더 앞서 나간 것이 된다.

완벽한 시간 관리를 연습하기 위해서는 평소 문제를 풀면서도 어떻게 풀어야 주어진 시간 안에 다 풀 수 있을지 염두에 두어야 한다. 그리고 많은 수험생들이 두려움을 표하는 마킹도 마찬가지다. 평소 정해진 시간 동안 문제풀이를 다 하고도 시간이 넉넉하게 남아돌았던 수험생도 수능 시험 당일에는 긴장해서 마킹 실수를 하는 경우가 많다. 시험 당일에는 문제 풀이만큼 마킹도 중요하다. 문제를 정확히 다 풀어도 마킹을 제대로 하지 못한다면 아무 소용이 없다. 수능 시험의 점수는 OMR카드 판독기가 매긴다. 컴퓨터용 사인펜의 잉크만 읽을 줄 아는 OMR카드 판독기는 절대로 내 진심을 알아주지 않는다. 그러므로 항상 시간을 정해두고 문제를 푼 다음 마킹까지 완벽히 하는 연습을 해야 한다.

연습은 항상 실전보다 가혹해야 한다. 수능 시험 D-30인 이 시기에는 시간 관리를 위한 가혹한 연습을 시작해야 한다. 모의고사 문제집을 풀 때에는 실제 시험 시간의 70% 정도를 할애해 문제 푸는 연습을 하는 것이 좋다. 실제 시험 시간보다 짧은 시간 동안에 모든 문제를 풀어내는 연습을 하다 보면 어떤 난이도의 문제가 나오든지 모두 풀어낼 수 있게 된다. 또 그 어떤 긴장 상황 속에서도 마킹할 수 있는 시간을 확보할 수 있게 된다.

수능 시험에서 같은 실력을 가진 수험생이 다른 점수를 받는 데는 시간 관리의 성패가 원인일 수 있다. 시간 관리를 못해 문제를 다 풀지 못하거나, 시간에 쫓겨 마킹하다 실수할 가능성이 있기 때문이다. 시험의 관건이 시간 관리인 셈이다. 이제부터는 시간 관리에 중점을 두고 수능 시험을 준비하도록 하자.

D-30
MUST DO IT

수능 시험의 기술

01 실전 대비 마킹 연습하기 ☑
02 1교시 효과를 대비하기 ☑
03 언어영역 빨리 푸는 비법 익히기 ☑
04 수리영역 계산 속도 높이는 훈련하기 ☑
05 수리영역 계산 실수 줄이는 연습하기 ☑
06 최악의 듣기 상황 연습하기 ☑
07 오답노트 정리하기 ☑

실전 대비 마킹 연습하기

마지막의 예술, 마킹

수능 시험이 끝나면 항상 마킹 실수를 했다는 이야기가 많이 들려온다. 마지막 50번 문제를 마킹하고도 아직 한 문제가 남았다는 밀려 쓰기, 50번 문제 마킹이 남았는데 빈칸이 없었다는 당겨 쓰기로 인한 실수담이 가장 흔하다. 그다음으로는 침착하게 정답을 마킹했는데도 나중에 알고 보니 엉뚱한 답에 표시했다는 실수다. 학생들의 걱정과는 다르게 수험번호 및 이름에 관한 실수는 거의 일어나지 않는다.

이 같은 마킹 실수는 수험생들의 평소 습관에서 기인한다. 귀에 못이 박히도록 들은 '최소한 10분 전 마킹'을 지키면 실제로 밀려 쓰거나 당겨 쓰는 사건은 생기지 않는다. 생각해보자. 10분이면 600초로 한 문제당 12초를 마킹할 수 있다. 10분이라는 시간 동안 50문제를 마킹하지 못하는 것 자체가 이상하다. 시험 종료 10분 전을 알리는 방송이 나오지만 대부분의 수험생들이 마킹을 하지 못한다. 마지막으로 풀고 있던 문제를 보면서 '이거 알 듯 한데, 조금만 더 생각하면 될 것 같은데, 조금만 더' 하면서 시간을 흘려보낸다. 그리고 남은 시간이 5분 혹은 3분쯤이 되서야 '안 되겠다. 시간이 부족하니 이제는 진짜 마킹해야지' 하고 마킹을 시작한다. 시간 여유를 두고 천천히 해도 틀리기 쉬운데 긴박한 시간 안에 마킹을 다 해야 하니 실수가 나올 수밖에 없다. 또한 중간에 틀린 것을 발견해도 고칠 여유조차 없다.

이런 상황을 예방하기 위한 해법은 크게 세 가지다. <mark>첫 번째는 시험 시간 마지막에 몰아서 마킹하는 상황을 피하기 위해 중간중간에 마킹하는 방법이다. 두 번째는 10분 전이 되면 무조건 문제 풀기를 멈추고 마킹하는 방법이다. 세 번째는 마킹하는 속도 자체를 높이는 방법이다.</mark> 세 가지 모두 평소 연습해두지 않으면 실제 수능 시험에서 써먹을 수 없는 방법이다. 마

Believe it or not

모의고사로 마킹 연습을 한다고?

마킹 연습을 하는 가장 이상적인 방법은 학교에서 치르는 모의고사를 수능처럼 최대한 까칠한 악조건에서 치르는 것이다. 그러나 이는 수험생에게 불가능한 방법이다. 모의고사 점수에 일희일비하는 고3에게 모의고사를 일부러 수능처럼 철저한 조건에서 쳐보라는 조언은 '시험 치고 나서 좌절하라'는 것과 같다. 더군다나 일일이 모의고사 성적을 체크하는 부모님이라면 '이번 시험은 마킹 연습하느라고 시간을 빡빡하게 배분했더니 점수가 조금 낮네요'라고 말했다가 혼나기 딱 좋다.

킹을 연습하는 방법은 간단하다. 8절로 넘기는 모의고사 문제집을 풀 때 단순히 문제만 풀고 끝낼 것이 아니라 마킹까지 연습하는 것이다.

이제 본격적으로 중간중간에 미리 마킹하는 방법과 시험 종료 10분 전이 되면 무조건 마킹하는 방법을 살펴보자.

<mark>중간중간에 미리 마킹하는 방법은 마지막 10분에 해야 하는 일이 비약적으로 줄어든다는 장점이 있다.</mark> 미리 마킹해둔 것이 있으면 마지막 10분을 문제를 푸는 데 투자할 수 있어 심리적 부담이 적다. 마지막 10분에 해야 할 일이 10문제 정도의 마킹과 몰랐던 문제를 찍는 수준이라면 심적인 부담이 덜

하지 않겠는가? 또한 중간에 상대적으로 시간이 여유로울 때 OMR카드에 마킹하기 때문에 실수가 덜 생긴다. 하지만 문제 풀이의 흐름이 끊긴다는 단점이 있다. 한참 문제를 풀어야 하는데 중간에 적게는 2번, 많게는 5번씩 마킹을 하면 집중력이 흐트러지기 쉽다.

중간중간에 미리 마킹하는 방법에는 세 가지가 있다. 첫 번째는 10문제, 20문제 등 문제 단위로 끊어서 하는 방법이 있다. 이는 문제를 1번부터 순서대로 풀어가는 수험생에게 적합하다. 문제 10개 단위로 마킹할 때는 시험지를 받자마자 문제 10번, 20번, 30번, 40번의 옆에다가 '마킹하기'라고 써두거나 기호를 그려 미리 표시를 해두는 것이 좋다. 표시하는 데 드는 시간은 50초도 채 걸리지 않는다. 어차피 문제 전체를 파악하기 위해서 시험지를 첫장부터 끝장까지 한 번 보는데, 그때 표시하면 시간을 더욱 절약할 수 있다. 두 번째는 30분, 40분과 같은 시간 단위로 마킹하는 방법이다. 평소 시계를 자

주 보면서 시험을 치는 학생들에게 권하는 방법이다. 시험을 치면서 일정 시간이 되면 일단 그때까지 해온 것을 마킹하는 것이다. 마킹할 시간을 잊지 않기 위해서는 시계에 마킹할 시각을 표시해두는 것이 좋다. ==세 번째는 문제를 푸는 흐름에 맞춰서 마킹하는 방법이다. 이 방법은 문제를 순서대로 풀지 않고 자신이 풀기 쉬운 문제부터 왔다 갔다 하면서 푸는 경우에 유용하다.== 예를 들면 외국어영역에서 가장 뒷장의 장문 독해 문제를 먼

저 풀었다면 다른 문제를 풀기 전에 장문 독해 부분부터 마킹하는 것으로, 가장 많은 연습이 필요하다.

이제 시험 종료 10분 전이 되면 무조건 마킹하는 방법에 대해 알아보자. 이 방법은 일단 종료 10분 전까지 문제 풀이에만 집중할 수 있다. 하지만 주어진 시간 내에 문제를 다 풀지 못하면 마지막 10분 동안 해야 할 일이 너무 많아진다. 이때 마킹에 대한 연습이 부족하면 실수가 생기기 쉽다.

마킹 실수는 주로 한 번 마킹을 마친 후 다시 푼 문제들 때문에 일어난다. 1번부터 마킹하는 상황을 가정해보자. 예를 들어 33번이 알 듯 말 듯해서 마킹을 일단 모두 마치고 나서 2분만 더 고민하면 풀 수 있을 것 같은 문제였다고 가정해보자. 이럴 경우 33번을 건너뛰고 34번을 먼저 마킹하게 된다. 이때 실수가 자주 발생한다. 34번을 34번 자리에 마킹하지 않고 무의식적으로 비어 있는 33번 자리에 마킹하는 것이다. 이후 남은 모든 문제를 한 문제씩 당겨서 마킹하게 되는 것은 당연하다. 이를 예방하기 위해서는 모르는 문제인 33번을 빈칸으로 비워두지 않고 일단 아무 번호라도 마킹해놓는 습관을 들여야 한다. 또 시험지를 보고 OMR카드에 마킹할 때 항상 지금 몇 번을 마킹하는 것인지 확인해야 한다.

마킹에 대한 연습이 끝나는 시점은 바로 '너 자신을 알 때'다. "나는 ○○영역 문제를 시간 안에 하나도 틀리지 않고 마킹할 수 있어"라고 자신할 수 있게 되는 순간까지다. 보통 의식적으로 10번 정도 연습하면 된다.

10분 전에 마킹하다 실수하는 경우를 다시 생각해보자. 사실 10분, 아니 5

분이면 50문제를 마킹한 다음 확인까지 한 번 더 할 수 있는 시간이다. 하지만 시험 당일에는 마킹에 대한 자신이 없어 덜덜 떨다가 괜히 틀리거나 밀려 쓰게 된다. 자신감을 갖고 있다면 절대로 생기지 않을 일이다. 그냥 '이 정도면 마킹할 수 있겠지' 하는 것은 아는 것이 아니다. 반복과 연습을 통해서 정확하게 알아야 진정 아는 것이다. 10번의 연습이면 얼마만큼 변신할 수 있느냐고? 나중에는 얼마나 빨리 마킹했는지 자신의 속도를 즐기는 대범함이 생길 수도 있다.

09 마킹 연습을 위한 OMR카드 구하는 방법

OMR카드를 구하는 가장 손쉬운 경로는 학교에서 모의고사를 칠 때다. 보통 모의고사 후 남은 마킹 용지는 주번이 정리해서 쓰레기통에 버린다. 비루하더라도 그걸 몰래 주워다가 쓰면 된다. 좀더 실전 분위기를 내고 싶다면 교육과정평가원에 올라와 있는 실제 OMR카드 스캔 사진을 이용할 수도 있다. 좀더 진짜 수능 시험 분위기를 내고 싶다면 그와 비슷한 OMR시트지를 직접 만드는 방법도 있다. 인터넷에서 OMR이라고 검색해서 나오는 업체에 의뢰하면 된다.

1교시 효과에 영향을 받는 수험생들의 생각은 전제부터 잘못된 경우가 많다. 모의고사보다 점수가 떨어질까봐 걱정할 필요가 없다. 수능은 상대평가이기 때문에 모의고사보다 등급이 낮아지는 것을 걱정해야지, 모의고사 원점수를 기준으로 생각할 필요가 없는 것이다. 1교시 효과는 수능이 상대평가임을 잊고 원점수 기준으로 생각하는 방식을 가진 수험생들에게만 생기는 족쇄다.

　오히려 1교시 언어영역 문제를 푸는 데 생전 처음 보는 문학 작품들이 쏟아져 나오고, 비문학 지문도 어렵고 길어서 한숨만 푹푹 나온다면 더 좋아해야 한다. 시험이 어려우면 어려울수록 실력이 정확히 반영된다. 열심히 공부해왔다면 정말로 고맙고 좋은 시험인 것이다. 그리고 지금 이 책을 읽지 않아 1교시 효과에 대한 개념조차 없는 수험생들은 1교시 언어영역에 좌절해서 자연스레 2교시 수리영역까지 못 치게 될 것이니 얼마나 좋은 일인가?

　어려울수록 기뻐하는 마음가짐을 굳건히 갖기 위해서는 어떻게 해야 할까? 가장 좋은 방법은 평소 문제를 풀면서 어려운 문제가 나올 때마다 기뻐해보는 것이다. 풀기 어려운 문제가 나오면 짜증 낼 것이 아니라 오히려 고마워해야 할 것이다. 항상 쉬운 문제만 푼다면 실력과 성적이 상승할 기회는 언제 있겠는가? 알 듯 말 듯하고 어쩌면 풀릴 듯 풀리지 않아서 사람을 화나게 하는 문제들을 많이 풀어보아야 실력도 상승한다. 그러니 고난도 문제를 만났다면 기뻐하는 마음을 갖자. 이 문제만 풀어낸다면 나는 다시 태어나게 되니까 말이다. 이는 시험 D-30에 시작하면 괜찮은 마음가짐이다. 30일이면 새로운 습관 하나가 정착되기에 충분하다. 그게 귀찮으면 시험지 앞에라도 써두자.

시험장에서 1교시 효과에서 벗어나는 가장 간단한 방법은 문제를 풀다가 어렵다는 생각이 들 때면 심호흡을 한번 하고 나서 조용히 주변을 둘러보는 것이다. 내 옆자리에서 문제를 풀고 있는 다른 수험생의 표정을 한번 살펴보자. 정말 우습기만 할 것이다. 세상에 있는 모든 고뇌를 혼자 다 짊어진 것처럼, 지금 자신이 풀고 있는 문제가 세상에서 가장 어려운 문제인 것처럼 풀고 있을 것이다. 그 학생이 풀고 있는 문제지는 내 문제지이기도 하다. 그러니 너무 걱정하지 말자. 나한테 어렵다면 다른 사람에게는 더 어려울 것이다.

언어영역 빨리 푸는 비법 익히기
풀기 쉬운 문제부터 푸는 센스

언어영역은 듣기 다섯 문제를 제외하면 55분의 시간 안에 45문제를 풀어야 한다. 그중에는 7개의 쓰기 문제가 있으며, 6개의 비문학 지문과 대략 4개의 문학 지문(고전 · 희곡 · 소설 · 시)이 있다.

언어영역 점수가 낮은 학생들의 유형은 크게 두 가지다.

"시간이 부족해서 꼼꼼히 읽지 못했어요."

"자세히 음미해서 다 읽고 풀었는데도 정답이 아니래요. 정답이 이해가 안 돼요."

시간 안에 모든 지문을 꼼꼼히 읽어보고 푸는데도 이상하게 오답에만 손이 간다는 학생들은 일단 풀이 순서나 방법에 대한 고민보다 기출문제 분석을 해야 한다. 내가 생각하는 기준과 교육과정평가원이 정답으로 원하는 생각의 기준을 일치시켜야 한다. 이는 문제 풀이의 방법론과 다른 영역으로 오랜 시간이 걸리는 문제이다.

시간이 부족해서 꼼꼼히 읽어보지 못했다는 학생들은 독해력과 독해 속도를 높이는 노력을 해야 한다. 순수하게 눈동자를 빨리 움직이는 연습을 하기 위해서 속독을 배우라는 게 아니다. 글이라는 매체에 익숙해지는 연습이 필요하다는 뜻이다. 하지만 우리는 항상 시간이 부족한 수험생이 아니던가. 우선 임시 방편으로 쉬운 지문부터 찾아 푸는 습관을 만들어보자. 혹 착각하지 말자. 언어영역을 비교적 쉬운 내용부터 풀기 시작한다면 최소한 순서대로 풀다가 놓친 뒷부분의 쉬운 지문이나 지문을 읽지 않아도 풀 수 있는 문제를 놓치는 일은 없어질 것이다. 아마 차이가 난다면 수능 당일, 한 문제 정도일 것이다. 겨우라고? 아니다. 승부는 원래 한 문제에서 갈리는 법이다.

2008~2011학년도 수능 언어영역 정답률 분석표

문번	2011	배점	2010	배점	2009	배점	2008	배점
1	90%	1	95%	1	95%	1	90%	2
2	90%	2	90%	2	90%	2	80%	2
3	85%	2	95%	2	75%	2	45%	2
4	90%	2	90%	2	90%	2	80%	2
5	85%	2	85%	2	85%	2	90%	2
6	90%	2	85%	2	95%	2	85%	2
7	90%	3	80%	2	80%	3	90%	2
8	80%	2	85%	3	85%	2	60%	2
9	80%	2	90%	2	85%	2	35%	2
10	65%	2	90%	1	90%	1	85%	2
11	85%	2	75%	2	85%	2	80%	2
12	75%	3	90%	2	75%	3	50%	3
13	75%	2	85%	2	80%	2	90%	2
14	75%	3	85%	2	80%	2	75%	2
15	85%	2	60%	2	45%	2	80%	2
16	70%	2	80%	2	60%	2	75%	2
17	95%	1	70%	2	65%	2	65%	3
18	80%	2	85%	2	60%	2	75%	2
19	75%	2	85%	1	55%	2	80%	2
20	70%	2	90%	2	65%	2	80%	2

21	70%	2	45%	3	80%	2	70%	2
22	90%	2	70%	2	75%	2	45%	2
23	80%	2	95%	2	70%	2	70%	2
24	90%	1	90%	2	80%	2	70%	2
25	65%	2	90%	2	80%	2	85%	2
26	75%	3	80%	2	70%	2	85%	1
27	85%	2	90%	2	85%	1	65%	2
28	85%	2	85%	2	35%	2	40%	2
29	40%	2	85%	2	80%	2	70%	2
30	90%	2	65%	2	70%	2	55%	1
31	85%	2	60%	3	80%	2	70%	2
32	80%	1	85%	2	80%	3	70%	2
33	40%	2	60%	3	80%	2	60%	2
34	60%	2	50%	2	75%	2	50%	2
35	70%	2	70%	2	65%	3	55%	1
36	65%	2	75%	2	75%	2	65%	3
37	75%	2	80%	2	65%	2	85%	2
38	20%	2	60%	2	55%	2	60%	2
39	25%	2	75%	2	80%	3	75%	2
40	85%	2	65%	2	85%	1	55%	1
41	85%	2	80%	3	70%	2	85%	3
42	85%	3	75%	2	55%	2	85%	2
43	75%	2	90%	2	55%	2	65%	1
44	65%	2	75%	2	70%	2	70%	2
45	40%	2	90%	1	50%	2	65%	2
46	65%	2	65%	2	85%	2	35%	3
47	75%	2	70%	2	50%	2	45%	2
48	75%	2	80%	2	50%	2	65%	2
49	60%	2	25%	2	55%	2	85%	2
50	70%	1	85%	1	70%	1	75%	2

먼저 4개년 동안의 '언어영역 정답률 분석표'를 보자. 표에서 색 표시된 문제가 정답률이 낮았던 문제, 말하자면 손대지 말아야 할, 혹은 나중에 풀어야 할 문제들이다. 표에서 이 색 표시된 문제들이 어떤 양상으로 나타나고 있는가? 바로 뭉쳐 있다. 왜 뭉쳐 있을까? 다른 영역과 다르게 언어영역은 지문 하나에 3개 정도의 문제가 딸려 있다. 각 문제에 대한 개별적 접근보다 지문별 접근이 먼저이기 때문에 문제의 난이도만큼이나 지문의 난이도가 중요하다. 이에 근거해서 생각해보면 ==언어영역의 문제 풀이 방법은 크게 두 가지다.==

==1) 시작종이 울리자마자 1번부터 순서대로 풀어나가는 방법==

==2) 문학·비문학을 구분해서 왔다 갔다 하면서 평소 자신 있는 영역부터 푸는 방법==

첫 번째, 1번부터 순서대로 풀어나가는 방법은 남은 시간과 문제를 비교하기가 유리하다. 남은 문제와 남은 시간 계산이 문제 번호를 보기만 하면 바로 되니 쉽지 아니한가? 또한 마킹할 때도 번호 순서대로 하기 때문에 실수 없이 빨리 잘할 수 있다. 하지만 앞부분에 예상치 못한 어려운 지문이 나왔을 때 과감하게 다음 문제로 넘어가지 못하면 뒤쪽에 있을지도 모르는 쉬운 문제들을 풀지 못할 가능성도 있다.

두 번째, 그러면 문학·비문학 지문 파악 이후에 자신 있는 영역부터 왔다 갔다 하면서 푸는 방법은 어떨까? 일단 너무 어지럽다. 어떤 문제를 풀고 풀지 않았는지 확인하기도 어렵고, 남은 시간과 남은 문제와의 계산도 어렵다. 중간에 예비 마킹을 할 때도 중간중간 빈칸이 생기다 보니 실수할 가능성이 크다. 하지만 시험 문제 전체를 관조하면서 쉬운 지문들부터 풀기 때문에, 앞쪽의 어려운 지문에 걸려서 뒤쪽의 쉬운 지문을 놓치는 사태를 방지할 수 있다.

개개인에 따라 차이가 있지만 평소 모의고사에서 뒷부분의 지문에 손도 못 대는 경우가 있는 학생에게는 두 번째 방법이 유리하다. 그러나 지문의 난이도에 따라 탄력적으로 문제 푸는 속도를 조절할 수 있는 사람은 첫 번째 방법이 유리하다.

처음부터 순서대로 푸는 방법은 별다른 방법론적 설명이 필요하지 않으니 여기서는 주로 문학·비문학을 왔다 갔다 하면서 푸는 두 번째 방법에 대해서 설명하겠다.

순서를 무시하고 풀기로 결심했다면, 시험지의 파본을 확인하는 시간에 문학·비문학의 지문 구성을 눈치 빠르게 확인해야 한다. 그러면 어떠한 지문과 문제를 푸는 것이 그나마 부족한 실력을 채워줄까?

여기에는 두 가지 의견이 있다. 시간과 정신적으로 여유가 있는 초반에 어려운 문제를 먼저 풀고 나중에 자신 있는 문제를 푼다는 의견이 있고, 반대로 초반에 자신 있는 부분을 재빨리 풀고 나중에 어려운 문제에 시간을 집중 투자해서 푼다는 것이다. 각각 다 일리가 있다.

평소 공부할 때는 고난도 문제를 고민 끝에 풀어냈을 때 뿌듯한 마음을 가져야 한다. 하지만 시험에서는 어렵게 풀어낸 4점짜리 문제나 쉽게 풀어낸 2

점짜리 문제 2개나 똑같은 4점일 뿐이다. 시험에서는 어려운 문제를 풀어냈다는 성취감보다는 쉽게 먹을 수 있는 문제들을 빠뜨리지 않고 챙겨 먹는 것이 중요하다. 그래! 가장 쉬워 보이고 자신 있는 부분부터 푸는 것이 절대적으로 유리하다.

난이도는 어떻게 예측할까? 문학 지문은 문제의 난이도를 예측하기 어렵지만 비문학은 주요 단어만 봐도 난이도를 예측할 수 있다.

비문학은 지문 이해에 걸리는 시간 비중이 크기 때문에 배경지식이 있는 분야인지만 파악해도 지문의 난이도를 예측하고 어려운 문제를 피하는 데 엄청난 도움이 된다.

문학 지문은 어떠냐고? 일단 기존에 알고 있던 문학 작품이 나오면 그나마 좀 쉽다고 예상하는 게 맞을 것 같다. 하지만 착각하지는 말자. 아는 작품이라고 자신감을 갖는 태도에서 나오는 심리적인 우위지, 실제 문제의 난이도와는 거리가 있을 수 있다. 문학은 익숙한 작품이라도 다양한 난이도로 출제될 수 있기 때문이다. 2009학년도 47~50번의 지문은 〈박씨전〉이었다. 고등학교 3년 다니면서 문제집에서 〈박씨전〉을 한 번도 안 풀어본 사람은 없을 것이다. 하지만 〈박씨전〉 문제의 평균 정답율은 50%였다. 언어영역의 특성상 마지막 지문이라 끝까지 읽지 못하고 푼 수험생들도 있지만 익숙한 작품이었음을 고려해볼 때 정말 어려웠던 문제였다. 문학 작품의 경우에는 난이도를 예측하기가 조금 애매한 측면이 있다.

순서대로 푸는 방법과 쉬운 문제부터 푸는 방법을 절충할 수도 있다. 일정

시간까지는 순서대로 쭉 풀어나가다가 남은 시간이 20분 정도 되는 시점에서는 순서대로 푸는 것을 포기하고 뒤에 남아 있는 지문들을 한번 넘겨보면서 그중에서 일단 쉬워 보이는 것부터 푸는 방법이다. 그렇게 하기 위해서는 수능 시험 D-30 이후부터 한 번이라도 언어영역 문제집을 풀면서 쉬워 보이는 지문을 먼저 찾는 눈을 기르는 연습을 해둬야 한다.

11 자신 있는 영역이 없는 경우의 문제 풀이 순서

언어영역에서 자신 있는 영역이 없다면 쓰기·문학·비문학의 순서를 권한다. 특히 그중에서 쓰기 문제를 먼저 풀고, 교과서 출제의 고전 문학이 있다면 그것부터 풀어가는 것이 좋다. 여기서 말하는 교과서는 16종 〈문학〉 교과서가 아니라 국정 〈국어〉 교과서다. 국정 〈국어〉 교과서에 실려 있는 문학 작품은 학생들이 대부분 지문에 대한 기본 이해가 있기 때문에 비교적 무난하게 접근할 수 있다. 그러고 나서 자신 있는 순서대로 문학·비문학 혹은 비문학·문학으로 편하게 풀어나가면 된다.

12 언어영역의 마킹 실수를 줄이는 방법

마킹에 대한 불안감이 크다면 지문이 끝날 때마다 마킹을 해도 좋고, 10분 남은 시점에서 마킹을 시작해도 좋다. 순서대로 풀지 않고 쉬운 내용부터 푸는 경우라면 **쓰기(예비 마킹) – 문학(예비 마킹) – 비문학의 절**

반(예비 마킹) – 사인펜 마킹/비문학 나머지 풀이로 하는 것을 추천한다. 어떤 방법으로 문제를 풀든, 마킹을 하든 상관없이 10분 남은 시점에서는 무조건 문제를 풀어둔 곳까지는 마킹을 해야 한다. 그래야 최악의 실수를 방지할 수 있다. 마킹이랑 풀이 순서까지 가르쳐줬는데 아직도 뭔가 허전하다고?

지문별 풀이 순서를 정해두고 왔다 갔다 하다가 왠지 빼먹고 안 푸는 지문이 생길까봐 불안하다면 문학 · 비문학 정도의 큰 순서만 따라서 문제를 풀어나가는 것이 그나마 혼란을 줄일 수 있는 방법이다. 아니면 조금 번잡해 보일 수도 있지만 한 지문을 풀 때마다 예비 마킹을 하면서 대충 남은 문제와 시간의 감을 잡아도 좋다. 이마저도 불가능하다면 체크리스트를 만들어 지문별 문제 번호를 적어두고 지문 하나를 풀 때마다 확인하는 것이 가장 좋다. 체크리스트를 만들면 전체적인 풀이 상황을 한눈에 파악할 수 있다.

수리영역 계산 속도 높이는 훈련하기

계산은 속도다

수리영역 문제 풀이와 관련해 시간이 부족하다는 수험생은 있어도 시간 내에 문제를 다 푸는 데도 답을 못 맞혔다고 말하는 수험생은 거의 없다. 정말 신기한 일이다. 언어영역이나 외국어영역과는 호소하는 부분이 사뭇 다르다. 시간 내에 못 푼 것이 아니라 몰라서 못 푼 것인데도 괜히 시간 탓으로 돌리고 있다.

왜 유독 수리영역에서만 실수라고 많이 말하는 걸까? 틀린 문제를 실수라고 인식하면 심리적인 이점이 있다. 먼저 기분상 점수가 올라간 듯한 착각을 할 수 있다. 80점인 점수가 실수한 걸 감안하면 84점이니 얼마나 기분 좋은가? 실수라고 생각하는 것 하나만으로도 순식간에 4점을 올릴 수 있다. 보통 자주 틀리는 문제는 공부하기 싫어하는 부분일 때가 많다. 틀린 문제를 실수로 처리하는 것은 그 부분이 더 싫어지는 것을 막아주는 역할도 한다. 가장 결정적으로 몰라서 틀린 것이 아니라 실수로 틀린 문제는 다시 공부하지 않아도 된다. 다음부터 또 실수 안 하게 주의만 하면 된다. 실수라는 한마디로 얼마나 많은 것을 덮어버릴 수 있는 걸까? 이 부분은 실수라고 말하는 동안은 절대로 고칠 수 없다. 실수는 주의해야 할 것들이지, 바꿔나가야 하는 것이 아니기 때문이다. 하지만 실수를 실수로 보지 않고 실력으로 보는 그 순간부터는 바꿔나갈 수 있는 영역이 많다. 부족한 실력은 노력으로 메워나갈 수 있는 것이다. 고3이라면 수리영역에서 뭔가를 해보려고 하기 전에 이런 처절한 자기 고백부터 시작해야 한다.

시험 잘 치는 비법에 대해서 말해줄 거라 생각했는데 왜 싫은 소리만 하느냐고? 세상에 나온 많은 책들이 어떻게 공부하면 못 푸는 문제를 풀 수 있는지 알려주지만 '실수'라는 자기 마음속의 거짓말에 대해서는 말해주지 않기 때문이다. 자, 이제 자기 고백이 끝났는가?

이제부터는 정말로 시간이 부족한 사람들을 위한 방법을 찾아보자. 2교시 수리영역은 100분. 이 시간 안에 30문제를 풀려면 정말로 바쁘다. 수리영역은 왜 시간이 부족할까? 몰라서 못 푸는 경우를 제외하고 수리영역에서의 시간 부족의 원인은 다음 둘 중 하나다.

1) 계산이 늦은 경우

2) 수학적 사고 과정이 늦는 경우

다음 두 문제를 보자. 모두 행렬 단원에서 출제되었지만 두 문제에서 요구하는 능력은 각각 다르다.

2010학년도 수능 수리영역 나형

2. 두 행렬 $A = \begin{pmatrix} 3 & 0 \\ 0 & 3 \end{pmatrix}$, $B = \begin{pmatrix} -1 & 1 \\ 1 & 1 \end{pmatrix}$에 대하여 행렬 $AB + 2B$의 모든 성분의 합은? [2점]

① 10　　　② 8　　　③ 6　　　④ 4　　　⑤ 2

---

28. 이차정사각행렬 A와 B에 대하여 옳은 것만을 〈보기〉에서 있는 대로 고른 것은? (단, O은 영행렬이고, E는 단위행렬이다.) [4점]

〈보기〉

ㄱ. $(A+b)^2 = (A-B)^2$이면 $AB = O$이다.

ㄴ. $A^2 = E$, $B^2 = B$이면 $(ABA)^2 = ABA$이다.

ㄷ. $A(A+E) = E$, $AB = -E$이면 $B^2 = A + 2E$이다.

① ㄴ　　　　　② ㄷ　　　　　③ ㄱ, ㄴ

④ ㄱ, ㄷ　　　　　⑤ ㄴ, ㄷ

2번과 28번 문제는 본질적으로 다른 수준의 풀이를 요구한다. 2번은 빠른 연필의 움직임과 정확한 계산을 필요로 하고, 28번은 행렬 연산의 기본 성질에 대한 사고가 필요하다.

천천히 시간을 들이면 문제를 다 풀 수 있는데 이상하게 모의고사만 보면 시간이 부족한 학생들은 어디에서 시간이 부족한지 고민해봐야 한다. 2번과 같은 문제의 계산에 너무 많은 시간을 소모해서인가? 아니면 28번 같은 문제에서 수학적 사고와 적용을 하는 것이 약해서인가? 즉 연필을 움직이는 속도가 느린 것일까? 아니면 수학적인 사고의 전개가 느린 것일까?

단순 계산 문제는 문제당 넉넉히 시간을 잡아도 1분 30초, 정말 길게 잡아도 2분 안에는 풀 수 있어야 한다. 앞의 예를 다시 생각해보자. 2번을 1분만에 풀어냈다면 28번에 투자할 수 있는 시간이 자연스럽게 6분 확보된다. 단순 계산의 속도만 빨라져도 훨씬 여유롭게 수리영역을 칠 수 있다. 왜 수학적 사고력보다 단순 계산을 먼저 강조할까? 단순 계산 능력은 확실히 연습만 해도 한두 달이면 확실히 길러진다. 이에 반해 수학적인 사고 실력을 높이려면 얼마나 많은 시간을 투자해야 할지 계획조차 서지 않기 때문이다.

단순 계산 문제에 강해지는 방법을 생각해보자.

공식 하나 달랑 던져주고 숫자만 바꿔서 하는 계산을 1주일 동안 반복시키던 초등학교 때 학습지들이 사실은 수능의 단순 계산 문제를 빨리 풀게 해주려고 존재했던 것들이다. 하지만 평균 10문제 정도인 계산 문제를 위해 지금 초등학생 동생과 함께 나란히 앉아 학습지를 풀고 있을 수는 없는 노릇이다. 또 단순 계산 반복 훈련은 배점 4점의 수학적 사고를 요하는 문제를 해결하는 데 전혀 상관이 없다. 그럼 당장 수리영역에 투자할 수 있는 시간이 제한되어 있는 수험생들은 어떤 방법으로 단순 계산 실력을 높일 수 있을까? 허무하겠지만 빨리 푸는 연습을 하면 된다. 어떤 문제를 풀든지 두 번 푸는 습관을 들이자. 처음에는 시간 제한을 두고 일단 틀리든 말든 끝까지 풀고, 두 번째에는 시간 제한 없이 천천히 푸는 연습을 해야 한다.

예를 들어 20문제를 풀어야 하면, 처음에는 30분(20문제 × 1분 30초) 정도의 시간에 최대한 풀 수 있는 문제만 일단 풀고 다시 처음으로 돌아와서 1번부터 천천히 풀어나가는 연습을 한다. 또 시간 제한을 두고 문제를 푸는 동안

20문제의 답을 OMR카드에 옮기듯 표시하는 연습도 포함되어야 한다. 계산 연습만이 아니라 찍기 연습까지 하는 것이다. 그렇지 않아도 바쁜데 두 번 풀면 수학에 투자하는 시간이 너무 많아지는 거 아니냐고? 실제로 해보면 빨리 푸는 것과 천천히 푸는 것이 시간 차이가 많이 나지 않는다. 이는 처음 풀 때 시간이 정해져 있다는 긴장감에 점점 빨리 풀 수 있기 때문이다.

당연히 모의고사 문제를 풀 때도 시간을 줄여서 푸는 연습을 해야 한다. 평소 90점 정도를 받던 학생에게 70분 만에 모의고사 30문제를 다 풀도록 시키면, 처음에는 60점까지 점수가 하락하다가 서서히 적응해서 70분 만에 풀어도 원래 점수인 90점 가까이 회복되는 양상을 보였다. 이렇게 계산 시간을 단축하는 데 얼마나 걸릴까?

1주일에 2~3회 정도 모의고사 문제를 풀게 했을 때 기존의 100분에서 70분에 적응하기까지 빠른 경우는 한 달, 늦은 경우에도 두 달 반이면 예전과 비슷한 점수로 회복되는 양상을 보였다. 일단 단순 계산 시간이 단축되면 수학적 사고도 전체적으로 빨라진다. 하지만 오해하지 말자. 이는 기존에 풀 수 있던 문제를 좀더 빨리 풀 수 있다는 것이지, 수학 실력이 올라가는 것을 의미하지는 않는다. 다만 계산으로 쩔쩔 매던 시간을 줄여 다른 문제를 들여다볼 시간을 늘리는 효과를 가져오는 것이다.

수리영역 계산 실수 줄이는 연습하기

계산의 흔적, 과정이 아름다워야 끝도 아름다운 법

문제를 빨리 푸는 연습을 하면서 해야 할 일 중 하나가 실수를 해도 고치기 쉬운 방식으로 계산하는 습관을 갖는 것이다.

계산 실수가 많다면 평소 자신이 풀었던 수학 문제집을 펼쳐보자. 혹시 수학 문제집의 빈틈에 계산식을 억지로 빽빽하게 쓰지는 않았는가? 글씨체는 엉망이라 알아보기 어렵지만, 열심히 공부한 흔적이 아름답다고? 아름답다고 말할 수 있는 때는 오직 실수가 없을 때다.

글씨는 부차적인 문제이고 틀리기 쉬운 방식으로 문제를 풀고 있음을 발견할 수 있다. 자, 이번에는 모의고사 시험지를 찾아서 펴보기 바란다. 어떤가? 혹시 문제집 여백에 풀던 것과 똑같지 않은가?

수학 공부를 시작하기 앞서서 항상 강조하는 것이 있다. 숫자는 눈에 잘 보이도록 큼직하게 쓰고, 계산식은 줄을 바꿔가면서 풀어야 한다는 것이다. 문제집을 풀 때 줄이 있는 연습장을 사용해 무조건 한 줄 한 줄 밑으로 여백을 넓게 쓰면서 아래쪽으로 계산과 사고의 방향을 전개하는 연습을 해야 한다. 그렇게 해야만 계산 시간이 단축되고 실수의 확률도 줄어든다.

문제의 해결 과정을 옆으로 계속 나열하거나 좁은 여백에 왔다 갔다 하면서 풀면, 중간 어딘가에서 틀리거나 계산식이 바뀌어도 찾아서 바꾸기 어렵다. 자연히 좁은 공간을 고려하면서 적어야 하기 때문에 계산 속도도 느려지기 십상이다. 하지만 새로운 연습장에 줄을 바꿔가면서 시원스럽게 계산식을 밑으로 쭉쭉 써 내려가면 검산할 때도 보기 쉽고, 혹 중간에 틀린 식을 찾아냈을 때 옆의 여백에 고치면 되니까 편하다.

13 부족한 시간을 만회하기 위한 수리영역의 문제 풀이 순서

수리영역 역시 풀기 쉬운 부분부터 풀어나가야 한다. 수리영역의 문제 난이도는 세 가지가 있다. 2점, 3점, 4점. 당연하게 2점짜리는 가장 풀기 쉬운 문제이고 4점짜리 문제는 가장 어렵다.

수리영역은 어떻게 풀어나가는 게 유리할까? 일단 30문제를 한 번씩 고민해볼 시간만 있다면 어떤 방법으로 풀든지 상관없다. 쉬운 문제부터 풀라는 말은 괜히 풀 수도 없는 문제를 푼다고 시간을 소모하다가 뒤쪽에 있을지도 모르는 풀 수 있는 문제를 손도 못 대고 한 번호로 찍는 사태를 예방하자는 것이다.

문제를 쉬운 순서대로 풀어나간다면 첫 장의 문제(보통 1번~5번)를 풀고 과감히 시험지를 접어 주관식 1~3번을 풀고, 다시 2쪽 문제부터 차례대로 풀어나가는 것이 제일 좋다.

왜 중간에 굳이 시험지를 접어서 주관식 1~3번을 손대라고 하는 것일까? 주관식 1~3번은 객관식으로 나왔다면 2점짜리일 문제들이 단지 주관식이라는 이유 하나만으로 3점이 배정된 것이기 때문이다. 그리고 객관식 6번부터 15번까지(물론 중간에 4점짜리가 하나 있을 수도 있지만) 일단 풀어보는 거다. 이후 지금까지 푼 총 18문제를 답안지에 완벽히 마킹하고 나서 새로운 마음으로 시험의 후반부를 시작하는 거다. 이렇게 하면 최소한 2점짜리를 못 먹는 경우는 안 생긴다.

일단 객관적으로 쉬운 문제, 즉 배점이 낮은 문제를 이미 풀었고 마킹까지 마쳤기 때문에 문제를 시간 내다 풀지 못하거나 마킹 실수를 하는 것에 대한 공포감에서 자유로워질 수 있다. 또 이미 쉽게 주워 먹을 수있는 부분을 다 주워 먹었기 때문에 이제부터는 새롭게 풀어나가는 한 문제 한 문제가 다 점수로 연결된다는 긍정적인 생각도 가능하게 된다. 그리고 제일 중요한 마음가짐을 하나 더 추가로 가질 수 있다. "모르는 문제는 포기할 수 있다." 수리영역을 푸는 데 가장 중요한 인식은 '모르는 건 모르는 것'이라는 단순한 사실이다. 모르는 문제를 제외하고 풀 수 있는 모든 문제를 풀어야 남은 시간에 검산을 하든, 재도전을 하든, 찍기를 하든 새로운 시간이 생긴다. 그리고 처음엔 잘 풀리지 않던 문제도 다른 문제를 풀고 다시 돌아와 풀어보면 신기하게도 풀릴 때가 있다.

자, 이제 시킨 대로 2~3점짜리 문제도 다 풀고, 간단히 풀 수 있는 4점짜리도 풀고 마킹까지 마쳤다고 하자. 이후엔 하고 싶은 대로 하면 된다. 앞에 풀었던 쉬운 문제를 검산해도 되고, 포기하고 일단 넘긴 문제를 다시 풀어도 된다. 2점짜리 검산도 의미가 없는 것은 아니다. 2011년 수능에서 원점수 98점, 즉 원래는 만점이어야 하지만 2점짜리 문제 하나만을 틀린 사람이 수리 가형 72명, 수리 나형 16명, 총 88명이나 된다. 예비 만점자들 중에서도 이 정도인데 그 이외 학생들 중에서 2점짜리 문제를 틀리는 이들은 따로 언급하지 않아도 넘치고 넘쳐난다.

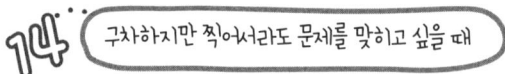

구차하지만 찍어서라도 문제를 맞히고 싶을 때

시험장에서 모르는 문제를 맞히는 방법은 존재하지 않지만 정답에 접근하는 방법은 있다.

① **기지개 펴기** : 가장 일반적인 방법이다. 실제로 앞에서 일단 모르는 문제는 포기하고 아는 문제부터 풀라고 말해준 이유이기도 하다.

평소 모의고사 채점할 때를 생각해보자. 시험 시간 중에는 답이 보이지 않던 문제가 시험이 끝나고 OMR 카드를 제출하는 순간에 "아!" 하는 탄식과 함께 해법이 갑자기 떠올랐던 순간은 없는가?

시험 시간 중에는 너무나도 긴장해 있기 때문에 이미 알고 있는 문제의 해법도 놓치는 경우가 많다. 그럴 때 기지개라도 한번 펴서 긴장도를 낮추고 차분히 문제를 다시 보면 불현듯 해법이 보이는 수도 있다. 심호흡의 효과는 긴장 이완뿐만 아니라 뇌에 신선한 자극을 줘서 전체적인 뇌의 활성도를 높여주기도 한다. 기지개로 뇌에 신선한 자극을 주고 잠들어 있던 기억들을 깨워보자는 거다.

② **문제 째려보기** : 문제가 묻는 것이 무엇인지 정확히 알기만 하면 답은 보인다. 문제를 풀 수 있는 충분한 능력이 있다면 문제를 풀지 못하는 것이 아니라 단지 뭔가 한 가지 조건을 놓치고 있을 때가 많다. 이때 연필을 들고 문제를 풀려고 시도하면 습관적으로 눈앞에 있는 숫자들만 계산하려 들기 쉽다. 연필을 놓고 좀 더 차분하고 큰 시점으로 문제를 보면 의외로 쉽게 풀린다. 주어진 숫자들만 계산하려고 하는 것이 아니라 문제의 전체적인 모습을 보면서 풀 수 있다.

③ **구주이배** : 인강의 한석현 수학 강사가 주창한 개념이다. 수능에서 출제되는 모든 문제들은 일정한 조건에 맞춰 만들어져 있으며, 이 조건들은 과거 배워온 것들과 지금 눈앞에 주어진 문제들이라는 것이다. 그렇기 때문에 문제를 다음 '구주이배'란 기준으로 조건을 분류해보라고 말한다.

구: 구하는 것이 뭐지?

주: 주어진 것이 뭐지?

이: 이용할 수 있는 것이 뭐지?

배: 배운 것이 뭐지?

빈칸에 '구 · 주 · 이 · 배'라고 써두고 문제를 이 기준에 맞춰서 분석해보는 거다. 그냥 읽을 때 놓쳤던 문제의 조건도 하나씩 다시 줄 그어가면서 분석해보면 놓쳤던 문제의 힌트가 보이면서 문제를 풀 수 있게 될지도 모른다는 거다. 그냥 무작정 문제를 보고 있는 것보다 이렇게 일정한 조건에 맞춰 분석하는 것이 더 현실적이며, 침착함을 찾는 데 도움이 된다.

④ **개념 확인** : 문제가 쉽거나 어렵거나 결국 문제의 조건을 수식화해서 공식에 넣어 답인 숫자를 구하는 것이 수리영역 풀이 과정의 대부분이다. 풀이 방법이 보이지 않는다면 관련 단원의 대표 공식을 두세 개 정도 일단 적어놓고 적합한 공식을 골라보는 것이다. 알고 있는 공식 중에 문제에서 주어진 조건에 적용할 만한 공식이 있는지 생각해보는 것이다.

⑤ **발버둥치기** : 해법이 보이지 않는 문제를 만났을 때 정석적인 해법을 찾는 건 어렵다고 판단하고, 그냥 어떻게든 답이 아닌 보기라도 골라내기 위해서 노력하는 방법이다. 수능을 치러 가면 의외로 100분이라는 시간 중, 끝에 10분 정도는 멍하니 있는 수험생들을 볼 수 있다. 그냥 포기하고 멍하니 있을 거면 차라리 잠이라도 자라. 그러면 체력이라도 회복될 것이 아닌가. 시험 중에는 단 1초라도 헛되이 사용해선 안 된다. 증명 문제라면 대입이라도 해야 할 것이고 수열 문제라면 직접 손으로 적기라도 해야 한다. 무슨 뜻이냐고? 2010년 최고의 오답률을 자랑했던 문제를 하나 살펴보자.

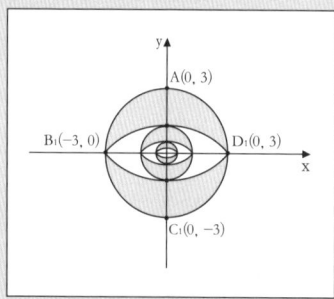

2010학년도 수능 수리영역 나형

15. 그림과 같이 원점을 중심으로 하고 반지름의 길이가 3인 원 O_1을 그리고 원 O_1이 좌표축과 만나는 네 점을 각각 $A_1(0, 3)$, $B_1(-3, 0)$, $C_1(0, -3)$, $D_1(3, 0)$이라 하자. 두 점, B_1, D_1을 모두 지나고 두 점 A_1, C_1을 각각 중심으로 하는 두 원이 원 O_1의 내부에서 y축과 만나는 점을 각각 C_2, A_2라 하자. 호 $B_1A_1D_1$과 $B_1A_2D_1$

116

으로 둘러싸인 도형의 넓이를 S_1, 호 $B_1C_1D_1$과 $B_1C_2D_1$으로 둘러싸인 도형의 넓이를 T_1이라 하자.

선분 A_2C_2를 지름으로 하는 원 O_2를 그리고, 원 O_2가 x축과 만나는 두 점을 각각 B_2, D_2를 모두 지나고 두 점 A_2, C_2를 중심으로 하는 두 원이 원 O_2의 내부에서 y축과 만나는 점을 각각 C_3, A_3라 하자. 호 $B_2A_2D_2$와 호 $B_2A_3D_2$로 둘러싸인 도형의 넓이를 S_2, 호 $B_2C_2D_2$와 호 $B_2C_3D_2$로 둘러싸인 도형의 넓이를 T_2라 하자. 이와 같은 과정을 계속하여 n번째 얻은 호 $B_nA_nD_n$과 $B_nA_{n+1}D_n$으로 둘러싸인 도형의 넓이는 S_n, 호 $B_nC_nD_n$과 호 $B_nC_{n+1}D_n$으로 둘러싸인 넓이를 T_n이라 할 때, $\sum_{n=1}^{\infty}(S_n+T_n)$의 값은? [4점]

① $6(\sqrt{2}+1)$ ② $6(\sqrt{3}+1)$ ③ $6(\sqrt{5}+1)$

④ $9(\sqrt{2}+1)$ ⑤ $9(\sqrt{3}+1)$

솔직히 모르겠다면, 어떻게 풀어야 할까? 감으로 찍는 것밖에는 다른 방법이 없다고 봐야 한다.

일단 문제가 너무 길어서 이해하지 못했다고 해도 문제 옆의 그림을 보면 대충 짐작할 수 있다. 색칠된 부분의 넓이를 구하는 것이다. 정확히 색칠된 영역의 넓이는 구하지 못하더라도 일단 대략 감이라도 잡기 위한 노력을 해보자. 먼저 전체 원의 넓이는 9π이다. 그렇다면 색칠된 영역은 자연히 9π보다는 작을 수밖에 없다. 9π의 값은 $9 \times 3.14 = 28.26$ 그리고 5개 보기를 분석해 대충 값을 계산해보자.

$\sqrt{2}$는 1.40이니까 ①$6(\sqrt{2}+1)=4.4$, ④$9(\sqrt{2}+1)=21.7$, $\sqrt{3}$은 1.70이니까 ②$6(\sqrt{3}+1)=16.3$, ⑤$9(\sqrt{3}+1)=24.5$, $\sqrt{5}$는 2.20이므로 ③$6(\sqrt{5}+1)=19.4$다. 아무리 봐도, 대충 봐도 A_1과 A_2 사이의 거리가 원점과 A_2 사이의 거리보다는 멀어 보인다. 혹 실제 시험장에 자를 가지고 들어갔다면 실제 두 점 사이의 거리를 잰 다음에 A_2

의 값을 측정해낼 수도 있을 것이다. 눈으로 찍을 수도 있다. A_2가 대충 1.5가 된다고 해도 A_1, A_2, D_1에 색칠된 부분이 원의 절반보다도 훨씬 더 커 보인다. 게다가 A_2 안쪽에 색칠된 영역도 남아 있으니 전체적으로 색칠된 영역은 원의 넓이인 28.26의 절반을 좀더 넘어선 값이 올 수밖에 없다. 원 넓이의 절반이 14.13이다. 그것보다도 좀더 커 보이기 때문에 일단 ①, ②는 정답에서 제외할 수 있다. 그러므로 답은 ③, ④, ⑤ 중 하나다. 그리고 중간에 큰 빈칸 하나씩의 넓이가 1은 될 것이라고 가정해보면 ⑤는 너무 큰 답이다. 그렇기 때문에 정답은 대충 ③, ④ 중 하나가 될 것이다.

정말 폼 안 나고 구차하기까지 한 방법이다. 하지만 4점짜리인데 두 개 중 하나가 정답이라는 사실을 안 것만 해도 어딘가? 저런 식으로 2문제만 찍을 수 있게 되어도 4점을 얻을 수 있다.

최악의 듣기 상황 연습하기
만점 듣기를 향한 극한 훈련

외국어영역의 경우, 많은 종류의 비법이나 기교를 기대하기 힘들다. 그만큼 학생들의 실력이 정확히 반영되는 영역이라는 말이다. 그래도 외국어영역 성적에 관련된 최대 변수를 꼽자면 듣기 평가다. 최악의 듣기 평가 상황에서 살아남는 방법을 생각해보자.

평소에 혼자서 영어 듣기를 연습하던 때와 다르게 수능 시험에서는 학교 스피커를 통해서 영어 듣기를 하게 된다. 익숙한 모교의 스피커와 다르게 실제 수험장의 방송 스피커는 위치와 상태가 정말 다양하다. 스피커가 달려 있는 위치가 교실 앞쪽인 학교도 있고, 천장인 학교도 있다. 스피커의 개수도 교실당 1~4개로 천차만별이다. 실상이 이렇기 때문에 방송 사고라고 하기는 애매하지만 소리가 많이 울린다거나 전체적으로 작거나 크거나 하는 상황, 잡음이 섞여 나오는 상황도 발생한다.

소음까지 차단해주는 이어폰으로 듣기 공부를 하다가 웅웅거리면서 낯설기까지 한 다른 학교에서의 스피커로 듣기를 하니 잘 안 들리는 것이 당연하다. 실제 시험 현장에서의 대처법? 그런 것은 없다. 방송 사고가 일어나 듣기가 나오지 않거나 잡음이 섞여 나온 것도 아니고 단지 방송이 많이 울리거나 음향이 고르지 못한 것뿐인데 감독관을 탓할 것인가, 아니면 고사본부를 찾아가서 생떼를 부릴 것인가? 특별한 대처 방법이 없다.

수능 당일, 영어 듣기를 하다가 '앗, 못 들었네' 하면서 걱정하는 사이, 다음 문제를 놓치고 또 '아, 두 문제나 틀렸어. 나 대학은 어떻게 가지?' 하는 고민을 내내 떠안다가 외국어영역 전체를 놓치는 일도 생긴다.

그렇기 때문에 ==영어 듣기 공부를 할 때는 한두 번 정도 평소와 다른 환경에서 듣기 평가에 대한 준비를 해볼 필요가 있다. 어떻게 준비해야 할까?==

재수 학원을 다니던 시절, 정규 과목 중에 정말 즐거운 과목이 하나 있었다. 과목명은 '만점 듣기'. 그것도 가장 졸리는 식사 시간 이후에 배정된 과목이었다. 만점 듣기라니, 무엇을 들려준단 말인가? 처음에는 영어 단어의 수준이 높은 토익 혹은 텝스 문제나 원어민들의 대화를 들려줄 것으로 예상했다. 그 예상은 여지없이 무너졌는데 강사가 첫 교시에 들어와 하는 말은 간단했다. 그냥 하는 영어 듣기 공부는 누구나 할 수 있으니 가끔은, 어쩌다 한 번쯤은 평소와 다른 환경에서 하는 듣기 공부가 필요하다는 것이었다.

그래서 시작된 듣기 수업 시간. 우리의 듣기 연습은 매우 특별했다. 옆 사람과 잡담하면서 영어 듣기, 노래 들으면서 영어 듣기, 2배속으로 듣기, 스피커 3개로 시간 차이 나게 틀어서 영어 듣기, 중간중간 놓치면서 듣기 등등. 그중에서도 가장 백미였던 것은 일부러 중간에 한 문제 빼고 듣기였다. 11번을 들은 다음에 13번을 틀어주는 거다. 그리고 12번은 능력껏 찍는 것이다. 실제 수능에서 듣기 한 문제를 놓쳐도 쿨하게 다음 문제를 푸는 연습을 한 번쯤 해보라는 것이었다. 재수생들을 모아놓고 이와 같은 듣기 연습을 시켰을 때 우리 모두는 웃었다. 정말 저런 것까지 연습해야 하나 하고 말이다. 어떻게 되었냐고? 당시에는 식사 시간 이후 잠을 깨기 위한 브레이크 타임이라고 생각했지만 실제 수능 시험에서 우리는 만점 듣기의 효과를 정말 톡톡히 보았다.

이 학원을 찾아가라는 말이 아니다. 평소에 영어 듣기를 하면서 항상 조용한 곳에서만 하는 것이 아니라 가끔은 시끄러운 곳에서 듣기를 해보라는 것이다. 사람들이 많은 지하철을 타고 가면서 혹은 걸어가면서도 영어 듣기를 한 번쯤 해보자. 그것도 그냥 듣는 것이 아니라 한쪽 이어폰은 빼고 한쪽 이어폰만을 이용해서 듣기를 해보는 등 다양한 시도를 해보자. 조용히 집중해서 하는 듣기 공부뿐만 아니라 다양한 상황에서의 듣기를 한 번만 해보면 시험장의 낯설고 허술한 환경에서의 듣기에도 자동으로 적응이 된다.

오답노트 정리하기

정직한 실력 쌓기는 오답노트로

한 번 틀렸던 문제는 다음에 또 틀릴 가능성이 높다. 이미 한 번 풀어본 문제는 다음에 당연히 맞힐 수 있는 것 아니냐고? 그러면 좋겠지만, 현실은 그렇지 못하다. 순간적인 실수로 틀리는 경우도 있지만 대부분은 자신의 취약 부분이나 잘못 알고 있던 부분에서 틀린다. 하지만 인간은 자신의 약점을 감추고 싶어 하기에 실제로는 몰라서 틀린 문제도 인식은 '아, 이걸 깜박했네, 실제로는 아는 건데' 라면서 넘어간다. 하지만 사실은 그게 실력이다.

오답노트까지는 아니더라도 일단 틀린 문제들을 모아놓으면 자신이 자주 하는 실수, 정확히 표현하자면 자주 반복하는 '부정적인 습관'들을 정확하게 판별해낼 수 있다.

자주 하는 실수들, 가령 6과 b를 잘못 본다든지 '옳은/옳지 않은'을 착각했다든지 하는 것도 자신이 왜 자꾸 그런 실수를 하는지 원인을 정확히 파악하면 대비책을 세울 수 있다. 나와 같은 경우에는 어느 날 모의고사 문제집을 풀다가 '옳은/옳지 않은' 문제를 실수로 틀린 것이 눈에 띄었다. 그리고 갑자기 든 생각, "어! 이건 예전에도 틀린 적이 있지 않았나?"

그리고 그동안 모아둔 틀린 문제들을 쭉 찾아봤는데 정말로 '옳은/옳지 않은'을 그냥 실수라고 표시해둔 문제가 많이 발견됐다. 정말 딱 한 번 틀린 것이면 실수지만 몇 번이나 똑같은 실수를 했다면 그것은 더 이상 실수가 아니다. 부정적인 습관이며 '실력'인 것이다.

　문제 상황을 인식했다면 당연히 문제의 원인과 해결책도 찾아낼 수 있다. 문제의 원인은 급한 성격에서 비롯되었다. 문제를 읽을 때 '옳은/옳지 않은'에 동그라미를 치는 습관은 있었지만 일단 지문을 읽고 나서 보기 ①번을 보는 순간에 맞다는 판단이 들면 빨리 풀고 다음 문제를 풀어야 한다고 생각해 ①에 답을 표시하고 넘어가는 성향이 있었던 것이다. 옳지 않은 것을 골라야 하는데 ①번 보기만 읽고 "음, 이게 옳은 거구먼" 하고 넘어간 것이다.

　'옳은/옳지 않은' 문제를 자주 틀리는 경우, 글자 위에 동그라미를 치는 방법이 내게는 효과가 없었으므로 다른 해결책을 모색해보는 수밖에 없었다. 단지 주의를 하는 것만으로는 절대로 고칠 수 없다는 사실을 알고 있었기 때문에 좀더 크게 표시하는 것으로 해결책을 찾았다.

'옳은/옳지 않은' 문제의 예시

31. 위 글을 참고할 때, 〈보기〉에서 알 수 있는 내용으로 적절하지 않은 것은?

〈보기〉

[−비음성]의 A가 [+비음성]의 C 앞에서 [+비음성]의 B가 되는 자음동화 규칙과 그 실례는 다음과 같다.

[규칙]　A → B / ___ C

[실례]　ㄱ → ㅇ / ___ ㅁ　국물[궁물]

ㄷ → ㄴ / __ㅁ 맏며느리 [만며느리]
ㅂ → ㅁ / __ㄴ 읍내 [음내]

① ㉠에 해당하는 'ㄱ, ㄷ, ㅂ'은 공통적으로 [−비음성]을 갖는군.
② ㉡에 해당하는 음들은 비음성을 기준으로 하나의 부류를 형성하는군.
③ ㉢에 해당하는 'ㄴ, ㅁ'은 공통적으로 [+비음성]을 갖는군.
④ '읍내'에서 ㉣에 해당하는 'ㅂ'과 'ㅁ'은 공통적으로 [+양순성]을 갖는군.
⑤ '국물'에서 ㉤에 해당하는 음들은 비음성을 기준으로 하나의 부류를 형성하지 못하는군.

위 그림과 같이 문제의 보기 중에 '옳지 않은'이 있는 경우에는 ①, ②, ③, ④, ⑤번 앞에 크게 'X' 표시를 하고 나서 문제를 풀기 시작한 것이다. 옆에 저렇게 크게 표시를 하고 난 이후에는 '옳은/옳지 않은' 문제는 몰라서 틀리는 경우는 있어도 실수로 틀리는 일은 더 이상 없게 되었다. 아마 오답노트까지는 아니더라도 틀린 문제를 모아두지 않았다면 정확히 내가 어디서 자주 실수를 하는지, 어떤 내용을 틀리는지 정확히 분석할 수 없었을 것이다.

본인의 취약한 내용뿐만 아니라 실수라고 부르는 '습관'들까지도 정확하게 알아내기 위해서는 오답노트를 만드는 것이 좋다.

D-30
MUST DO IT SCHEDULER

D-48 자신감 UP 다이어리 만들기	**D-47**	**D-46**	**D-45** 6시 기상 습관 기르기 ☑	**D-44**	**D-43**	**D-42**
D-41	**D-40** 부정적 상황 이미지 트레이닝 하기 ☑	**D-39**	**D-38**	**D-37**	**D-36**	**D-35**
D-34	**D-33**	**D-32**	**D-31** 시험 불안 해소 테크닉 익히기 ☑	**D-30** 수리영역 계산 속도 높이는 훈련하기 ☐	**D-29** 수리영역 계산 실수 줄이는 연습하기 ☐	**D-28**
D-27	**D-26**	**D-25** 언어영역 빨리 푸는 비법 익히기 ☐	**D-24**	**D-23**	**D-22**	**D-21** 실전 대비 마킹 연습하기 ☐
D-20 최악의 듣기 상황 연습하기 ☐	**D-19**	**D-18**	**D-17**	**D-16**	**D-15**	**D-14** 오답노트 정리하기 ☐
D-13	**D-12**	**D-11**	**D-10** 1교시 효과를 대비하기 ☐	**D-9**	**D-8**	**D-7**
D-6	**D-5**	**D-4**	**D-3**	**D-2**	**D-1**	**D-0** 대망의 수능 시험!!

정답 배열의 미신에서 벗어나자

일부 수험생들은 수능 시험 문제의 정답들이 어떤 규칙을 가지고 있다고 믿는다. 이는 근거도 없고, 통계적으로 확인할 수 없는 믿음이다. 그럼에도 정답 배열에 대한 의문점과 호기심은 끊이지 않는다. 수능 시험의 정답 배열과 관련된 오래된 미신들의 정체를 밝혀보자.

1) 수능에서 ①, ②, ③, ④, ⑤의 비율은 비슷하다.

2) 수능에서 3개 연속 같은 답(기둥)은 나오지 않는다.

수능에서 ①, ②, ③, ④, ⑤의 비율은 비슷하다? 이는 진실이기도 하고 거짓이기도 하다. 결론부터 말하자면 수리 · 외국어영역에서는 진실에 가깝고, 언어 · 사탐 · 과탐영역에서는 거짓에 가깝다.

2011년 수능뿐만 아니라 과거 수능의 정답 분포를 분석해봐도 그렇다. 그중에서도 수리영역과 외국어영역을 보면 정답의 비율을 명확하게 맞추고 있다는 느낌을 받을 수 있다. 하지만 언어영역과 사탐 · 과탐영역에서는 정답

2011학년도 수능 정답 분포도

언어(홀)

오지선다	답 개수	기둥 개수	문제번호
1	10		
2	8		
3	12	3	23~25
4	12		
5	8		

언어(짝)

오지선다	답 개수	기둥 개수	문제번호
1	8		
2	10	4	47~50
3	12	3	23~25
4	10		
5	10	3	17~19

수리가(홀)

오지선다	답 개수	기둥 개수	문제번호
1	5		
2	4		
3	4		
4	4		
5	4		

수리가(짝)

오지선다	답 개수	기둥 개수	문제번호
1	5		
2	4		
3	4		
4	4		
5	4		

외국어(홀)

오지선다	답 개수	기둥 개수	문제번호
1	9		
2	10		
3	10		
4	10		
5	11		

외국어(짝)

오지선다	답 개수	기둥 개수	문제번호
1	11		
2	9		
3	9		
4	11		
5	10		

번호의 비율이 맞지 않는다. 특히 사탐·과탐영역에서는 정답의 쏠림 현상이 나타난 적도 있었다. 그렇다면 사탐·과학은 차치하고, 수리영역은 종료 시간이 임박했을 때 ①, ②, ③, ④, ⑤번의 개수를 세보고 모르는 문제의 정답이 무엇이 될지 예측할 수 있는 것 아닐까?

역대 수능 시험이 그랬듯 2012년도 시험에서도 수리·외국어영역은 ①, ②, ③, ④, ⑤의 비율이 비슷하게 출제될 것이다. 그러나 이 예측은 의미가 없다. 정답의 개수를 세보고 몇 번이 부족한지 파악해서 찍기를 하는 데는 전제 조건이 있다.

첫 번째는, 이미 풀어놓은 문제가 많아야 한다는 것이다. 50번까지 있는 외국어영역에서 적어도 45문제를 풀어놓아야 모자라는 번호의 개수를 세어서 찍기를 할 수 있다.

두 번째는, 자신이 푼 문제들이 모두는 아니더라도 대부분 정답이어야 한다는 것이다. 그러나 50문제 중에서 45문제 이상을 풀어서 맞힐 수 있는, 즉 90점 이상의 학생은 아마도 찍기를 위해 남는 시간에 정답의 보기 개수를 세기보다 못 푼 문제를 한 번 더 보고 있을 것이다.

원점수가 낮은 학생들의 경우 ①, ②, ③, ④, ⑤번을 세본다는 것 자체가 무의미하다. 퍼즐로 비유하자면 퍼즐에서 한 칸 혹은 두 칸 정도가 빠져 있다면 옆 그림들을 보면서 맞출 수 있지만 퍼즐이 몇 개 맞춰져 있지 않은 상태에서는 추론조차도 불가능한 경우가 많다.

수능에서 연속된 4개 연속 같은 답(기둥)이 나오지 않는다는 것은 2010년 수능 시험까지는 확인된 사실이었다. 4개 연속의 같은 답은 나오지 않았기 때문에 3개가 같은 답이 나오면 혹시 틀린 것은 없는지 확인해보라고 주의를 줄 정도였다. 그런데 2011년에 이 미신은 한 번에 깨졌다.

사건은 언어영역 짝수 47~50번에서 벌어졌다. 마지막 지문 문제의 모든 답이 ②번이었다. 정답의 비율이나 기둥은 없다는 미신을 알고 있던 학생들 대부분이 문제를 틀릴 수밖에 없었다. 오히려 마지막 지문을 풀지 못하고 '하나만 걸려라'는 심정으로 ②번으로 쭉 찍었던 학생들이 7점을 그냥 얻어내는 쾌거를 얻었다.

자, 그러면 결국 어떻게 하라는 이야기일까? 어떤 경우에도 전해 들은 미신이나 소문보다는 자기 스스로의 풀이를 믿어야 한다. 정답 배열에 대한 미신들도 분명히 어느 정도의 통계적인 근거가 있는 이야기다.

2012년 수능에서도 수리 · 외국어영역에서는 정답 비율을 맞춰줄 가능성이 크고, 여전히 4개 연속의 같은 답이 출연할 확률은 낮다. 하지만 이 모든 것들은 과거의 사건을 분석해서 미래를 예측한 것이다. 이 예측은 적중률이 얼마나 될 것 같은가? 50% 정도밖에 되지 않는다. 맞거나 틀리거나 둘 중 하나란 말이다. 하지만 여러분이 직접 문제를 푸는 경우의 정답율은 보통 70~80%다. 50%의 확률을 믿을 것인가, 80%의 확률을 믿을 것인가?

그리고 또 하나. 우리가 알고 있는 모든 미신과 소문들은 교육과정평가원도 똑같이 알고 있다. 아무리 머리를 쓰고 잔머리를 굴려본들 언제 허를 찌르는 정답 배열이 나올지 모른다. 분명히 말할 수 있다. 세상에 떠도는 소문들 말고 자기 자신을 믿어야 한다. 이미 충분한 양의 땀을 흘려왔다. 그 시간들을 믿어보자.

수능 시험 D-7

007 가방을
챙겨라

가방과 마음의 무게는 반비례한다

평상시 학교 생활을 할 때는 필요한 물건이 있으면 쉬는 시간에 밖으로 나가서 사올 수 있다. 수능 시험 날은 다르다. 아침 8시 10분, 수능 시험이 시작되면 꼭 필요한 물건이 생겨서 구해야 해도 오후 4시 24분까지 시험장 밖으로 절대 나갈 수 없다. 시험장에 들어서는 순간, 다시 나올 일이 없도록 완벽하게 준비해야 하는 것이다. 필요한 모든 것은 가방이 무거워지더라도 이삿짐 싸듯 바리바리 챙겨가야 한다.

수능 당일을 위한 준비물들을 미리 정리해보면 학용품인 샤프심부터 깔고 앉기 위한 방석까지 새로 필요한 것들이 많다. 필연적으로 물건을 구입해야 할 경우가 생기는 것이다. 마음의 안정을 취해도 모자랄 판인데 수능 전날, 그것도 한밤중에 시계를 사기 위해서 주변의 대형마트로 뛰어가는 자신의 모습을 상상해보자. 얼마나 불안하고 답답하겠는가? 그렇기 때문에 수능 당일의 준비물은 일주일 전부터 차분히 준비하는 것이 좋다. 그렇게 해야만 수능 전날 느긋하게 미리 준비해둔 물품들을 보면서 간단히 확인만 하고 편히 잠들 수 있다.

완벽한 준비에 앞서 교육과정평가원의 휴대 가능 물품에 대한 규정부터 살펴보자.

교육과정평가원 규정

• 반입 금지 물품

휴대용 전화기, 디지털 카메라, MP3, 전자사전, 카메라 펜, 전자계산기, 라디오, 휴대용 미디어 플레이어, 시각 표시와 교시별 잔여 시간 표시 이외의 기능이 부착된 시계 등 모든 전자기기

• 휴대 가능 물품

신분증, 수험표, 연필(흑색), 지우개, 답안 수정용 수정테이프, 컴퓨터용 사인펜, 샤프 연필심(흑색, 0.5㎜), 시각 표시와 교시별 잔여 시간 표시 이외의 기능이 부착되지 않은 일반 시계 등(스톱워치, 문항번호 표시 기능이 부착된 시계는 불가)

– 연필, 컴퓨터용 사인펜 외의 필기구는 개인 휴대 불가(연필은 시험실에서 지급하지 않음)

– 휴대 여부의 판단이 모호한 물품의 경우에는 매 교시 감독관에게 당해 물품을 통한 부정행위 가능성에 대한 검사를 받아 휴대 가능

※개인의 신체조건이나 의료상 휴대가 필요한 물품은 매 교시 감독관의 사전 점검을 거쳐 휴대 가능(돋보기 등)

※시험실에서 컴퓨터용 사인펜과 샤프를 일괄 지급하고, 답안 수정용 수정테이프는 시험실별로 5개를 준비하여 수험생은 감독관에게 요청 후 사용 가능

※반입 금지 물품을 시험실에 반입하고 1교시 시작 전에 제출하지 않은 경우 모두 부정행위로 간주함을 주지시킴

교육과정평가원이 규정한 휴대 가능 물품은 종류를 불문하고 넉넉하게 여 벌까지 챙겨가야 한다. 평소 연필을 사용하지 않는다고? 지우개가 없어도 수 학 문제를 푸는 데 지장받은 적이 한 번도 없다고? 컴퓨터용 사인펜은 나눠 주니까 가져갈 필요 없다고? 아니다. 지금껏 한 번도 사용한 적 없고, 시험 날 사용할 것 같지 않다 해도 모두 챙기자. 휴대 가능 물품들을 모조리 구입 해도 3,000원이 되지 않는다. 설사 시험 날 물건을 쓰지 않고 버리게 되더라 도 챙겨가는 것이 좋다.

교육과정평가원이 공식적으로 휴대 가능 물품이나 반입 금지 물품으로 규 정하지 않았지만, 수능 시험 날 필요할 것으로 생각되는 물품들이 더 있을 것 이다. 자신에게 필요한 모든 물품을 챙겨서 마음의 무게를 덜고 싶은 수험생 들은 교육과정평가원의 규정이 애매하게 느껴질 수 있다. 챙겨간 물건을 쓰 지 못하는 것은 그냥 아쉬운 정도지만, 부정행위자로 몰리게 된다면 이처럼 불행한 일이 어디 있겠는가?

준비한 물품을 수능 가방에 싸기 전에, 먼저 휴대 가능 물품 원칙이 엄격 하게 지켜지는 시험장을 머릿속으로 상상해보자. 수능 시험 중, 한 수험생 의 주머니에서 동전이 땡그랑 소리를 내며 떨어졌다. 동전을 떨어뜨린 수험 생은 매 시간 미리 감독관에게 동전의 휴대에 대한 허락을 받아야 하는 규정을 지키지 않았다. 규정을 어기고 불법으로 동전을 휴대한 상황이니 부정행위로 간주된다. 정말 웃기는 상황이 아닌가? 이번에는 감기로 콧물이 계속 나오는 수험생이 감독관에게 미리 허락받지 않는 휴지를 주머니에서 꺼내서 시험 시간 중에 흐르는 콧물을 슬쩍 닦았다고 생각해보자. 시험 시작 전 감독관에게 휴지를 휴대해도 되는지 문의하지 않았다면, 이 또한 부정행위자로 간주되어 재수 확정이다. 상황을 하나 더 들어보자. 시험 시간 중에 어머니가 옷 안쪽에 붙여준 부적이 떨어져 바닥에 흘러내렸다. 감독관에게 미리 허가받지 않은 부적의 휴대는 규정에 따르면 부정행위로 간주된다.

그러나 상상은 상상일 뿐, 실제로 이런 상황은 거의 일어나지 않는다. 다시 말하면, 휴대 가능 물품에 대한 규정이 엄격하게 지켜지지 않는다는 뜻이다. 실제로 대부분의 시험장에서는 전자기기를 제외한 거의 대부분의 물품이 휴대 가능하다. 매 시간 감독관에게 일일이 허락을 구하지 않아도 상식적인 수준에서 남에게 피해를 주지 않고 부정행위에 사용될 가능성이 없는 물품이라면 휴대 및 사용 가능하다. 이를테면 작은 물병, 휴지, 사탕, 초콜릿, 귀마개, 방석과 같은 물품들은 책상 안에 넣어두고 있다가 알아서 먹거나 사용해도 된다. 감독관이 규정 위반이라고 제지를 하면 그냥 그때 "알겠습니다" 하면서 다시 책상 안에 집어넣으면 되는 것이다.

많은 수험생들이 휴대 가능 물품으로 오인하고 있는 빨간색 플러스펜의 경우도 마찬가지다. 빨간색 플러스펜은 예비 마킹을 위해 일선 학교 선생님들이 준비물로 권하는 일이 많지만, 원칙적으로는 휴대 가능한 물품이 아니다. 교육과정평가원의 규정에서는 연필과 컴퓨터용 사인펜만 휴대가 가능하다고 명시하고 있다. 그 이외의 모든 필기구의 휴대가 원칙적으로는 금지라는 것이다. 대부분의 시험장에서 감독관이 수험생의 빨간색 플러스펜 사용을 눈감아줄 때가 많지만 허가받지 않은 모든 물품의 휴대는 원칙적으로 부정행위이기 때문에 주의하도록 하자. 예를 들어, 책상 속에 넣어둔 책은 2010년 수능에서 부정행위로 간주된 적이 있으니 주의해야 한다. 책은 충분히 부정행위의 가능성이 있는 물품이기 때문이다. 가지고 갈 수 있는 물품은 최대한 많이 챙겨 책상과 가방 안에 넣어두되 눈치껏 사용해야 한다.

D-7
MUST DO IT

수능 시험 가방 싸기

01 수능 당일 금지 품목 확인하기 ☑

02 필요한 학용품 챙기기 ☑

03 있으면 좋은 개인용품 챙기기 ☑

04 수능 대박 도시락 챙기기 ☑

05 틈틈이 먹을 간식 챙기기 ☑

수능 당일 금지 품목 확인하기

모바일 라이프, 수능 날에는 잠시 접어두자

수능 시험 당일을 위한 준비물을 완벽하게 챙겨놓기 전에 다시 한 번 반입 금지 물품에 대한 교육과정평가원의 규정을 확인해보자. 규정에서 알 수 있듯이 수능 시험은 휴대폰부터 디지털 기능이 조금이라도 가미된 시계까지, 모든 전자기기 소지를 엄격하게 금지하고 있다. 왜 이렇게 강력한 처벌 규정이 생긴 것일까?

원래 수능 시험 규정에 있어서 전자기기에 대한 규제는 없었다. 과거에는 시험 당일 점심을 먹고 나서 남는 10분 동안 각자 가져온 MP3로 영어 듣기를 하는 것이 유행처럼 번지던 시절도 있었다. 하지만 2005년 전자기기를 이용한 조직적인 대규모 부정행위가 적발되면서 분위기는 급변했다. 이 사건으로 충격을 받은 교육부와 교육과정평가원은 수능 시험에서 휴대폰은 물론 MP3, 라디오, PMP 등 모든 전자기기를 반입 금지 물품으로 지정해버렸다. 그러니 전자기기는 아예 전날 가방을 싸면서부터 멀리 두는 것이 현명하다. 휴대폰이나 MP3를 달고 사는 것이 익숙한 학생들로서는 이 규정에 불만이 생기지 않을 수 없다.

"그냥 가지고 있으면 안 되나요? 가방 안에 넣어두기만 하고 안 걸리면 되잖아요?"

"감독관 없을 때 음악 좀 듣는 게 그렇게 큰 부정행위인가요?"

당연히 안 걸리면 아무 상관 없다. 하지만 현실에선 가끔, 때로는 자주 전자기기를 가져갔다가 적발되는 사례가 심심찮게 있다.

교육청 대학수학능력시험 수험생 유의사항

- 수능 시험 도중 교탁 앞에 제출한 가방 속에서 휴대폰 진동음이 울려 금속탐지기를 이용하여 가방을 조사한 결과, 진동음이 울렸던 휴대폰 이외에도 다른 가방에서 전원이 꺼져 있는 휴대폰이 발견되어 두 학생 모두 현장에서 부정행위자로 적발 처리
- 점심시간 중에 응시생이 차량에 두고 온 휴대전화를 꺼내어 시험실에서 사용하다가 같은 시험실 학생들의 제보에 의하여 휴대전화 사용 사실이 확인되어 현장에서 부정행위자로 적발 처리
- 수리영역 미선택자 또는 4교시 2과목 선택으로 대기실에서 자습하던 학생이 MP3 또는 전자사전을 사용하다가 대기실 감독관에게 현장에서 적발되어 부정행위자로 처리

휴대폰의 경우 반입 금지 물품으로 홍보가 많이 되어 있지만, MP3의 경우 반입 금지로 명확히 지정되어 있음에도 이 사실을 아는 수험생은 많지 않다. MP3를 늘 갖고 다니며 심심하면 듣고, 안 들을 때는 그냥 둘둘 말아서 주머니에 넣고 다니는 학생들에게는 MP3가 딱히 전자기기라는 인식도 없다. 단순히 음악을 재생하는 기계라고 생각하기 때문이다. 이런 생각을 갖고 있으면 수능 시험 당일 아침에도 아무 생각 없이 MP3를 들으며 시험장에 가고, 시험장에 입실해서는 무의식적으로 MP3를 주머니에 넣어두고 감독관이 전자기기를 제출하라고 하면 MP3도 전자기기라는 사실을 잊고 휴대폰만 신경

수능 날 아침 학생 A가 수능 시험장으로 출발하려고 할 때였다. 마지막으로 부모님께 인사를 드리고 나오는데 아버지께서 날씨가 쌀쌀하다고 하시면서 미리 입어서 체온으로 따뜻해진 외투를 벗어주셨다. A는 약간 부끄럽기도 했지만 아버지의 체온과 사랑을 느끼면서 벗어주신 외투를 입고 수능 시험장으로 향했다. A는 차분한 마음으로 시험장에 앉아 준비했다. 8시 40분 1교시 시작 전, 예비령이 울린 직후였다. 갑자기 의자 뒤에 걸쳐둔 외투에서 휴대폰 벨소리가 울렸다. 집에서 출근을 준비하시던 아버지께서 휴대폰이 없다는 사실을 아시고는 자신의 집 전화를 통해 휴대폰으로 전화를 걸었던 것이다. 외투 안에 아버지의 휴대폰이 있었고 A군은 휴대폰 소지에 따른 부정행위자로 적발됐다. A군은 규정에 따라 시험 성적이 무효화됐을 뿐만 아니라 1년 동안 시험을 다시 치를 기회도 박탈당하는 처벌을 받을 처지에 놓이게 됐다.

쓰게 된다. 그리고 MP3는 외투 주머니에 넣어둔 채로 시험을 치다가 금속탐지기에 MP3를 적발당하는 것이다. 나중에 '아차, 실수했다'라고 하기에는 너무나도 큰 실수다.

매해 수능에서 부정행위로 평균 100명 정도 적발되는데 그중 절반인 50명 정도가 전자기기 소지로 적발된다. 교육부에서 그토록 홍보하고 수능 당일에도 전자기기를 가져왔으면 제발 제출하라고 방송해도 매년 50명이나 부정행위로 적발된다. 전자기기를 소지하고 있었음에도 단지 운이 좋아서 걸리지 않은 경우가 많다는 사실을 감안하면 매년 이 같은 실수를 하는 수험생들은 더 많을 것이다. 바로 이럴 때 쓰는 말이 '아무리 강조해도 지나치지 않다'는 말이다.

필요한 학용품 챙기기

잊지 말고 꼭꼭 챙겨야 할 샤프심과 수정테이프

평소 손에 익숙하게 사용하던 필기구가 있다면 일단은 챙겨가는 것이 좋다. 그중에서도 시험을 치르는 데 직접적으로 관련이 있는 연필이나 샤프, 컴퓨터용 사인펜 등은 반드시 챙겨가야 한다. 2011학년도 수능 시험에서 준비해간 사람과 준비해가지 않는 사람 사이에 엄청난 차이가 났던 물품이 흑색 연필 혹은 0.5mm 샤프심이다. 2011년 수능 샤프는 기존의 샤프에 비해서 불량률이 높아 샤프심이 잘게 부러져서 나오는 경우가 많았다. 휴대 가능 물품을 전부 다 가져온 수험생들은 대부분 고민 없이 자신이 가져온 흑색 연필이나 0.5mm 샤프심으로 교체해 시험을 쳤다. 안 가져온 수험생들은? 당연히 감독관에게 항의했는데 감독관도 뾰족한 방법이 없어서 그냥 여분의 샤프로 바꿔주었다고 한다. 수리영역 시간에 샤프만 5번 교환했다는 수험생도 있고, 시험 종료 10분을 남기고 샤프가 또 고장나서 교환을 요청했는데 더 이상 여분의 샤프가 없어서 고사본부에 샤프를 구하러 간 동안 급한 대로 컴퓨터용 수성 사인펜으로 수리영역을 풀어야 했다는 수험생도 있었다.

시험실에서 지급하는 물품 중 하나인 수정테이프도 꼭 챙겨야 할 물품이다. 한 시험실당 수정테이프 5개면 넉넉할 것 같지만 막상 시험 종료 5분 전에는 수험생들이 서로 수정테이프를 달라고 하는 사태가 심심치 않게 벌어진다. 수정테이프 5개를 2명의 감독관이 왔다 갔다 하면서 직접 수험생들에게 배달해야 한다는 사실까지 고려하면 쟁탈전이 꽤 치열하다.

컴퓨터용 사인펜? 당연히 수험생 개인이 추가로 가지고 가서 책상 안에 넣어두어야 한다. 시험 시간 중에 컴퓨터용 사인펜에 문제가 생기면 감독관이 당연히 새로운 것으로 교환해준다. 하지만 정말로 신기하게도 대부분의 문제 상황은 시험 종료 5분 전에 몰아서 생긴다. 2명의 감독관이 마지막으로 정답 수정에 열심인 학생들 사이를 왔다 갔다 하면서 수정테이프를 배달하고 있을 때, 급하게 문제지를 넘기면서 마킹하다가 사인펜을 바닥에 떨어뜨려서 펜촉이 뭉개졌다고 하자. 감독관에게 손들고 말하면 바로 그 즉시 새로운 사인펜으로 교환받을 수 있을까? 기대하지 말자. 그냥 알아서 눈치껏 미리 준비해간 사인펜을 책상 안에서 꺼내 사용하는 것이 현명하다. 그러니 잊지 말고 꼭 가져가자.

2교시 수리영역 시간에 필요한 지우개의 중요성이야 따로 설명하지 않아도 알 것이라 생각한다.

2011년 수능 시험에서 불량 샤프 사건으로 큰 곤욕을 치렀기 때문에 아마 이후에는 샤프에 관한 사건이 더 이상 생기지 않을지도 모른다. 하지만 다음번에는 어떤 부분에서 사건, 사고가 발생할지 모른다. 그러니 최소한 휴대 가능 물품은 넉넉하게 모두 준비해가도록 하자.

15. 눈치껏 챙겨갈 수 있는 학용품들

이번에는 눈치껏 사용하기 위해서 가져가야 할 학용품들에 대해 알아보자. '눈치껏'에 유의하자. 냉혹한 감독관에게 걸리면, 원칙적으로 부정행위자가 될 수 있다는 점을 명심해야 한다.

① 자, 각도기 : 한때 자와 각도기가 있으면 수리영역에 유리하다고 해서 둘 다 준비해가거나 수험표 뒤에 그려가는 수험생들이 있었다. 수리영역 기출문제를 풀어본 사람은 알겠지만 생각만큼 필요하지 않다. 꼭 필요하다면 수험표 뒷면에 인쇄해서 붙일 수 있는 자와 각도기의 그림이 있으니 알아서 챙겨가도록 하자. 참고로 수능 시험에서 나오는 모든 그림은 비례가 정확히 일치한다.

② 연습장, 스카치테이프 : 이 두 가지는 꼭 가지고 가자. 연습장은 수리영역 시간에 여백이 부족할 경우에 꺼내 쓰라는 것이 아니다. 연습장의 용도는 종이를 찢은 다음에 접어서 균형이 맞지 않는 의자나 책상 밑에 받쳐놓기 위해서다. 급한 대로 연습장을 접어서 흔들리는 책상 밑에 받쳐놓으면 의외로 효과가 좋다. 스카치테이프는 가끔 책상에 꽤 큰 크기의 스크래치나 홈이 파여 있어서 수리영역 시간에 샤프에 힘 주고 계산하다가 시험지를 뚫거나 찢어먹는 사태가 생긴다. 그때 시험지를 붙이기 위해서가 아니다. 미리 아침에 그 책상의 흠집을 스카치테이프로 막아두라는 거다.

③ 커터 칼, 연필깎이 : 왜 갑자기 칼이냐고? 폭력 행위를 조장하는 나쁜 사람? 그런 것 아니다. 휴대 가능 물품 중에 있는 흑색 연필을 기억하는가? 연필은 뭘로 깎지? 연필만 달랑 구입해서 가면 난감한 경우가 생길 수 있다. 휴대용 연필깎이는 문구점 가면 1,000원이면 쉽게 구매할 수 있으니 준비해 가도록 하자.

④ 귀마개 : 추위를 대비한 방한용이 아니라 소리를 차단하기 위해서다. 교육과정평가원의 원칙에 따르면 시험 시간 중에 귀마개의 휴대 및 사용은 원칙적으로 금지. 하지만 귀마개는 꼭 가져가면 좋은 품목이다. 얼핏 생각하면 수능 시험실은 조용해서 귀마개는 필요 없을 것 같다. 대부분 맞다. 하지만 가끔 정말 미치는 상황이 발생하는데 바로 다리 떠는 놈들, '놈들'이라고 표현할 수밖에 없을 만큼 신경이 날카롭게 서게

된다. 시험장에서 소음을 일으키는 수험생이 있으면 대부분 감독관에게 말해서 주의를 주면 된다. 그러나 다리를 떨거나 코를 훌쩍이는 버릇은 당사자가 인식하지 못하고 하는 행동이기 때문에 주의를 받아도 고쳐지지 않을 때가 많다. 어떤 수험생은 수리영역 시간에만 다섯 번이나 지적받을 만큼 심하게 다리를 떨었다. 그리고 자기만 수리영역에서 1등급 받는 아름다운 모습을 보여주었다! 그러나 원망해도 소용없으니, 책상 안에 귀마개를 넣어두었다가 시끄러운 수험생이 주변에 있으면 사용하면 된다.

⑤ **기름종이** : 수능 당일 기름종이를 이용해서 OMR카드의 정답을 적어오는 방법이 유용할 때가 있다. 하지만 교육과정평가원이 기름종이를 반입 금지 품목으로 추가하겠다는 소견을 낸 적 있으므로 주의해야 한다.

144

있으면 좋은 개인용품 챙기기

없으면 꼭 찾게 되는 물건들이 있다

시험장에서 필요한 물건이 학용품만 있는 것은 아니다. 평소 자신이 가지고 다니는 물건들도 챙겨가는 게 좋다. 특히나 개인을 위한 아무런 물품도 준비되어 있지 않은 시험장에서는 더욱 그렇다. 개인용품은 반입 금지 품목으로 정해지지 않은 경우가 많으니, 필요한 물건이 없어서 불편하지 않도록 자신에게 필요한 용품들은 챙겨가도록 하자.

① 휴지와 물티슈 수능 시험 당일 당연히 가져가야 하는 필수 품목이다. 일단 휴지와 물티슈의 기본적인 용도에 충실해서 코를 풀거나 무언가를 닦을 때 쓸 수 있으며, 의자나 책상이 삐걱거리는 경우에도 받쳐놓을 수 있다. 하루 종일 사용할 두루마리 화장지 하나와 시험 중간에 갑자기 콧물이 흐르거나 화장실에 휴지가 없을 때를 대비해 책상 안에 넣어둘 휴대용 화장지 하나, 이렇게 두 개를 준비해가야 한다. 대부분의 시험장에서는 화장실 각 칸마다 두루마리 화장지를 비치해둔다. 그러나 이 화장지는 1교시가 끝나면 떨어지고 만다. 그러니 각자 사용할 화장지를 꼭 미리미리 챙겨가야 한다.

② 손수건 수험생들이 잊어버리기 쉬운 준비물이다. 점심시간이나 쉬는 시간에 화장실을 갔다 와서 사용하기 위한 것이다.

③ 칫솔, 치약, 구강 청결제 자주 양치하는 습관이 있는 수험생은 잊지 말

고 가져가자. 칫솔을 집에 놓고 오는 가장 흔한 이유는 전날 준비물을 정리하면서 '아, 칫솔은 내일 아침에 이 닦고 나서 가방에 넣어가야지'라고 생각하기 때문이다. 수능 시험 날 아침은 일찍 일어난다 해도 바쁘다. 모든 준비물은 전날 다 챙겨두는 것이 좋다.

④ 샘플로션, 핸드크림, 립글로스 수능 당일은 난방을 과도하게 하는 경향이 있어 실내가 건조한 경우가 많다. 손, 입술 등이 마르는 것을 막을 수도 있고, 긴장을 풀 수도 있다. 반대로 손에 땀이 날 것을 대비해 베이비파우더와 데오드란트를 가져오는 수험생도 있다.

⑤ 생리대 및 위생용품 수험생들을 위해서 시험장에 비치되지만 기본적으로 개인용품은 본인 스스로 챙겨가야 한다.

⑥ 안경, 안경닦이, 인공누액 시력이 좋지 않는 수험생들은 그날 안경을 쓰든, 렌즈를 착용하든 여분의 안경을 하나 챙기는 것이 좋다. 렌즈에 이상이 생기거나 안경이 부러지는 등의 문제가 생길 수 있기 때문이다. 안경닦이도 잊지 말아야 하고, 안구건조증이 있다면 인공누액도 꼭 챙겨야 한다. 겨울철의 시험실은 건조할 가능성이 크며, 혹 천장형 난방기 근처에 자리가 배

정됐을 경우 난방기의 바람을 얼굴에 정면으로 맞아 안구건조증이 더 심해질 수도 있기 때문이다.

⑦ 개인 상비약 특이질환이 있거나 자주 배탈이나 두통에 시달리는 수험생이라면 개인 상비약을 챙겨가야 한다. 시험장은 양호실을 운영하고 있지만 20분이라는 짧은 쉬는 시간 동안 처음 가본 학교에서 양호실을 찾고 또 필요한 약품을 처방 받아오는 것은 쉽지 않다.

⑧ 현금 수능 당일에는 어떤 일이 생길지 모른다. 급하게 택시를 탈 일이 생길 수도 있고, 아침에 뭔가 필요해서 사야 할 게 추가로 생길 수도 있다. 간식을 준비하지 못할 경우, 시험장에서 운영하는 매점을 이용할 수도 있다.

⑨ 방석 의자나 책상이 열악할 경우를 대비해 방석을 가져가는 것도 고려해보자. 의자가 낮거나 불편할 때 유용하게 쓸 수 있다. 평소 푹신하고 편안한 방석에 앉아 공부하는 데 익숙하다면 딱딱한 의자에 오래 앉아 있어야 하는 시험 당일 4교시쯤 되면 엉덩이가 배겨서 견디지 못하게 될 수도 있다.

수능 준비물을 챙기는 기본정신은 반입 금지 물품만 아니라면 일단 가져가서 안 쓰면 버리고 온다는 것이다. 모두 꼼꼼하게 챙겨가는 것이 소심한 행동처럼 생각돼도, 시험 당일 필요한 물건이 없어 불편을 겪는 것보다 몇 배 낫다. 그때 가서 후회하지 말고 다 챙기도록 하자.

수능 대박 도시락 챙기기
시험을 잘 칠 수 있는 수능 도시락의 조건

도시락과 수능 대박 사이에는 상관관계가 있을까? 거의 없다. 수능 도시락을 잘 싸간다고 해서 대박이 나는 것은 아니다. 하지만 수능 당일 도시락을 잘못 싸가면 쪽박이 될 가능성은 충분히 존재한다.

수능 당일 도시락과 관련된 가장 위험한 상황은 어떤 것일까? 그건 바로 도시락을 싸가지 않는 것이다. 평소 점심을 안 먹던 습관을 가진 수험생들의 경우에는 '잘 안 먹던 점심, 귀찮게 가지고 갈 필요 있나?' 하고 생각하기도 한다. 또 3교시 졸음을 방지하기 위해 일부러 점심을 먹지 않으려고 하는 수험생도 있다. 수능 당일은 아침 6시에 일어나서 저녁 6시까지 집중해서 시험을 치러야 한다. 이런 날 12시간 동안 공복 상태로 있겠다는 것은 그냥 "최악의 컨디션에서 수능을 치고 싶어요"라고 말하는 것과 같다. 도시락은 꼭 싸가야 한다. 수능 당일 어떤 도시락이 가장 좋은 도시락일까? 수능 당일의 이상적인 도시락의 조건은 다음과 같다.

① 자극이 없고 배탈 날 가능성이 없는 도시락

② 식곤증 예방을 위해 너무 배가 고프지도, 배가 부르지도 않은 도시락

③ 위에 부담이 없고 소화가 잘되는 도시락

④ 보관 및 운반이 편리하고 먹기에도 간편한 도시락

⑤ 미리 먹어본 적 있거나 자주 먹던 도시락

⑥ 맛있고 평소에 좋아하는 도시락

⑦ 필수 영양소와 비타민이 골고루 들어 있는 도시락

⑧ 저염식 도시락

이 기준들을 모두 다 만족하는 도시락을 준비해가라는 것이 아니다. 자신에게 맞는 도시락을 싸되 주의할 점만 지키면 된다.

먼저 수능 당일의 도시락은 평소 먹던 도시락 양의 70% 정도로 준비하는 것이 좋다. 평소에는 먹고 졸리지 않던 양이라 하더라도 수능 당일에는 중간중간에 과일이나 사탕, 초콜릿 같은 간식들을 챙겨 먹는 경우가 많기 때문에 평소와 똑같이 먹으면 3교시 외국어영역 시간에 졸릴 수도 있다.

또한 평소보다 조금 더 싱거운 음식을 준비해야 한다. 그렇지 않아도 긴장해서 따뜻한 음료수나 물을 마시는 경우

Believe it or not

생선구이 도시락의 비애

언론들의 추천 메뉴에 따라 수능 도시락으로 생선구이 도시락을 준비해온 수험생이 있었다. 보온 도시락에 담아온 따뜻한 밥과 국, 소화가 잘되는 담백한 생선구이는 오메가3와 감마 리놀레익산 등이 풍부한 멋진 도시락이었다. 그런데 그 도시락을 싸간 학생은 국에 밥을 말아서 후루룩 마셔야만 했다. 문제는 보온 도시락이 기본으로 제공하는 수저통에서 발생했다. 생선의 특성상 아무리 뼈 없는 부위만 구이로 준비했더라도 가시를 발라 먹어야 하는 일이 생길 수밖에 없다. 하지만 준비해간 보온 도시락 수저통에는 포크 숟가락만 있었던 것이다. 혹시 포크로 생선가시를 발라본 적 있는가? 아무리 생선이 맛있으면 뭐 하는가? 먹을 수가 없는데 말이다. 수능 당일 점심에 포크로 생선뼈를 발라가면서 먹는 모습은 이를 보는 친구에게는 긴장이 풀리는 즐거운 사건이지만 당사자에게는 짜증 나는 사건일 뿐이다.

가 많은데 평소와 비슷한 염도의 음식을 먹게 되면 더욱더 많은 양의 물을 마시게 된다. 이는 시험 중간에 화장실을 가게 만드는 요인이 된다. 수능 당일에는 긴장이 돼서 입맛이 없고 소화능력이 떨어지기 때문에 최대한 소화가 잘되고 먹기 편한 음식을 준비해야 한다. 혼자서 고기를 5인분씩 먹던 학생도 시험 당일에는 긴장해서 도시락을 깨작거리는 일이 생길 수 있다. 그렇기 때문에 소화가 편한 음식을 준비하는 것이 중요하다.

이 조건들을 만족하는 음식을 찾다 보면 많은 학생들이 비슷한 결론에 도달하게 되는데 그중 하나가 바로 '죽'이다. 먹기 편하고 따뜻하고 소화 잘되고, 다 좋은 음식처럼 보인다. 수능 시험이 다가오면 죽 전문점에서 수능 당일용 죽 세트를 판매하기도 한다. 하지만 주의할 것이 있다. 대부분의 죽 전문점에서는 말 그대로 죽만 판매할 뿐 보온병을 함께 판매하지 않는다는 것이다. 아무 생각 없이 전날 미리 주문해놓은 죽만 달랑 들고 시험장에 갔다가는 점심시간에 차가운 죽을 먹어야 하는 사태가 일어날 수도 있다. 정말 죽 쑬 수도 있는 일이다. 어떤 메뉴라도 보온 도시락은 기본이다.

죽을 싸가더라도 최소한 한 번은 먹어본 메뉴여야 한다. 수능 당일 필요한 영양소가 골고루 들어 있다며 굴죽을 포장해갔는데 '아, 나 굴 잘 못 먹겠어' 할 수도 있다. 그러므로 수능 당일 준비해갈 도시락은 D−7에 즈음하여 미리 메뉴를 정하고, 한번 먹어볼 필요가 있다.

틈틈이 먹을 간식 챙기기

우리는 밥만 먹고 살 수는 없는 인간이다

수능 당일에도 간식 및 식·음료품을 준비해가면 좋다. 챙기면 좋을 간식 거리를 몇 가지 알아두자.

① 물 따뜻한 물과 찬물 둘 다 가져가는 것이 좋다. 대부분의 수능 시험장에 냉·온수기가 있지만 그렇지 못한 곳도 있다. 따뜻한 물을 채운 보온병 하나와 그냥 생수통 하나를 챙겨가자. 따뜻한 물은 아침에 추울 때 마실 수 있고, 찬물은 그냥 목이 마를 때마다 마시거나 3교시에 졸음을 쫓을 목적으로 마실 수도 있다.

② 차 혹은 기호음료 평소 즐겨 마시는 음료가 있다면 잊지 말고 가져가자. 그러나 녹차나 커피를 즐겨 마셨다면 주의가 필요하다. 녹차와 커피는 이뇨작용을 활발히 할 수 있기 때문이다. 음료 역시 마시지 않던 걸 마시는 우를 범하지 않도록 하자.

③ 간단한 과일 시험 당일 점심을 평소보다 덜 먹으면 확실히 배가 좀 허전할 수 있다. 이때 먹을 수 있는 과일을 하나쯤 챙기는 것이다. 과일은 포도당이 풍부하기 때문에 수험생의 머리 회전에도 긍정적인 영향을 미친다. 바나나, 방울토마토, 귤 등 쉽게 챙길 수 있고 맨손으로 먹을 수 있는 과일을 추천한다.

④ **사탕, 초콜릿** 책상 안에 몰래 넣어두었다가 졸리거나 너무 긴장될 때 한두 개씩 꺼내 먹도록 하자. 사탕과 초콜릿은 대표적인 고칼로리 음식으로 허기질 때 먹으면 충분히 열량을 보충할 수 있다. 실험 정신이 투철하다면, 수능 당일만을 위해 판매되는 포도당 사탕도 먹어볼 만하다.

⑤ **껌, 비타민제** 껌이나 비타민 보충제 같은 자극이 있는 기호식품도 가져가면 유용하다. 껌이 가장 유용할 때는 쉬는 시간이 아니라 시험 시간 중이다. 시험 시간 중 졸릴 때 씹으면 잠이 깨는 효과가 있다. '잠 깨는 껌'이 판매될 만큼 껌은 잠 깨는 데 특효약이다. 긴장감을 줄이기 위해서도 껌을 씹을 수 있다. 프로야구 선수들이 괜히 껌을 씹으면서 경기하는 것이 아니다. 또 앞에 앉은 수험생이 흡연자인 경우 심하게 담배 냄새가 날 수 있는데, 이럴 때 껌이나 비타민 보충제 같은 기호식품을 먹으면 담배 냄새로 인한 짜증을 잠시나마 잊을 수 있다.

D-7
MUST DO IT SCHEDULER

D-8

D-7

수능 대박 도시락 싸기 ☐

D-6

수능 당일 금지 품목 확인하기 ☐

D-5

필요한 학용품 챙기기 ☐

D-4

있으면 좋은 개인용품 챙기기 ☐

D-3

틈틈이 먹을 간식 챙기기 ☐

D-2

수능 시계는 아날로그다

휴대폰을 소지할 수 없는 시험 시간 동안, 시간 관리를 위해 꼭 필요한 것이 바로 시계다. 교육과정평가원은 공식적으로 '시각 표시와 교시별 잔여 시간 표시 이외의 기능이 부착되지 않은 일반 시계'를 휴대 가능의 조건으로 명시하고 있다. 원래 시계의 요건은 딱히 규정이 없었다. 하지만 점점 개인용 시계와 관련된 사건·사고가 늘면서 교육과정평가원은 시계에 대한 규제 사항을 만들었다. 이때쯤 이런 궁금증이 하나 생길 것이다. "시험장에서도 학교 교실처럼 앞쪽에 벽시계를 걸어두면 안 되나요? 그러면 개인용 시계를 안 가져가도 되고 좋잖아요." 합리적인 생각이지만 이상과 현실은 다르다. 전국에 있는 수많은 시험장의 벽시계를 동일한 시각으로 맞추고 고장이 안 나도록 하는 게 가능할까? 시험장 벽시계가 고장이 나 수험생들이 피해를 입게 된다면 그 책임을 누가 질 것인가? 교육청이 감당하기에 너무나 어려운 문제다. 그렇기 때문에 시계를 챙기는 건 온전히 수험생의 몫이다.

수능 당일 개인용 시계를 가져가는 것은 당연하다. 수능 시험이 임박한 시기에 상점에 가거나 인터넷 쇼핑을 하다 보면 소위 '수능 시계'라는 게 눈에 띌 것이다. 교육과정평가원의 지정 조건을 만족하고, 별다른 조작을 하지 않아도 매 교시마다 남은 시간과 남은 쉬는 시간을 표시해준다고 홍보하는 '수능 시계'를 가져가도 되는 것일까? 교육과정평가원에 '수능 시계'의 휴대 적합성 여부에 대해 문의해본 결과, 다음과 같은 답변을 받았다.

교육과정평가원 답변

안녕하세요. 현재 시각 표시와 교시별 잔여 시간 표시 이외의 기능은 부착되지 않은 일반 시계(스톱워치, 문항번호 표시 기능이 부착된 시계는 불가)만 가능합니다. 해당 사이트의 경우, 비도의적인 상업적 광고 효과 발생 개연성의 우려로 판단을 유보하는 점, 양해 부탁드립니다. 감사합니다.

교육과정평가원은 일반 기업이 만든 '수능 시계'에 대해 일일이 적합성 판단을 해주지 않는다. 그러므로 교육과정평가원의 정식 인증을 받았다는 건 새빨간 거짓말이고, 지정 조건에 만족한다는 것도 믿을 만한 문구가 아니다. 그 시계가 교육과정평가원의 휴대 가능 조건에 정확히 맞는지 확실하게 보장되지 않는다는 것이다. 이를 알지 못하고 수능 시계를 구입해 시험 당일 착용하고 갔다가는 감독관에게 시계를 압수당할 확률이 높다. 아무리 수험생이 "이 시계는 수능 시계다. 기준에서 벗어나지 않는다. 문제가 생길 리 없고, 문제가 생겨도 내가 책임지겠다"라고 강하게 말해도 소용없다. 감독관 입장에서는 디지털 시계인 '수능 시계'가 규정에 맞는 것인지, 혹 부정행위에 사용할 가능성이 있는 것은 아닌지 확인해볼 필요가 있는 것이다. 그 자리에서 판단이 애매할 경우에는 시계로 인한 사건·사고를 예방하기 위해 어쩔 수 없이 압수할 수밖에 없다. 시험장 안에서 일어나는 모든 사건·사고는 감독관이 책임져야 하기 때문이다.

교육과정평가원 답변

안녕하세요. 판단이 모호한 물품의 경우 매 교시 감독관의 확인을 받으시기 바랍니다. 단 귀하가 갖고 계신 시계 중 알람 기능, 시보 기능 등 기타 기능이 부착된 시계는 휴대가 절대 불가능합니다. 감사합니다.

시계의 확인과 압수는 원칙에 따른 감독관의 기본 임무니 감독관을 원망해도 소용없는 일이다. 그나마 감독관이 시험 시작 전, 시계에 별다른 기능이 없다는 사실을 확인하고 돌려주면 다행이지만 가끔 확인하는 데 한 시간이 넘게 걸리는 경우도 있다. 당일 시계를 '수능 시계' 하나만 가져온 수험생의 입장에서는 정말 억울하고 미치고 팔짝 뛸 일일 것이다. 시계 없이 어떻게 시간 관리를 하면서 시험을 칠 수 있겠는가? 그러니 디지털 기능이 있는 시계를 가져가는 수험생들은 꼭 예비용 시계를 하나 정도 더 챙기도록 하자. 예비용 시계가 아날로그 시계여야 한다는 것은 두말하면 잔소리다.

다른 학용품과 달리, 시계는 수능 시험 성적에 직접적으로 영향을 미칠 수 있는 준비물이다. 시계가 없으면 시간 내에 다 풀지 못하거나 마킹을 다 하지 못할지도 모른다는 극도의 불안감에 휩싸여 시험에 집중하지 못할 가능성이 크기 때문이다. 평소 모의고사를 통해 시간 관리에 자신감을 쌓은 수험생일

지라도 완벽한 시간 관리를 위해 반드시 시계를 챙겨가도록 하자. 수능 시험 당일엔 어떤 변수가 생길지 모르기 때문이다.

지금까지 조금은 겁을 줄 만큼 시계에 대해 길게 설명했다. 시계가 그만큼 중요한 준비물이기 때문이다. 그러나 실제로는 수험생이 어떤 시계를 사용하든 관심을 안 가지는 감독관들도 많다. 너무 졸지는 말자. 다만 아날로그 시계 하나쯤은 챙겨가야 한다는 것만 잊지 말자.

D-2 INTRO
모든 것을 완벽하게 준비하라

D-2 MUST DO IT
수능 패션 & 컨디션

D-2 OUTRO
배포와 배짱으로 하는 48시간의 컨디션 조절

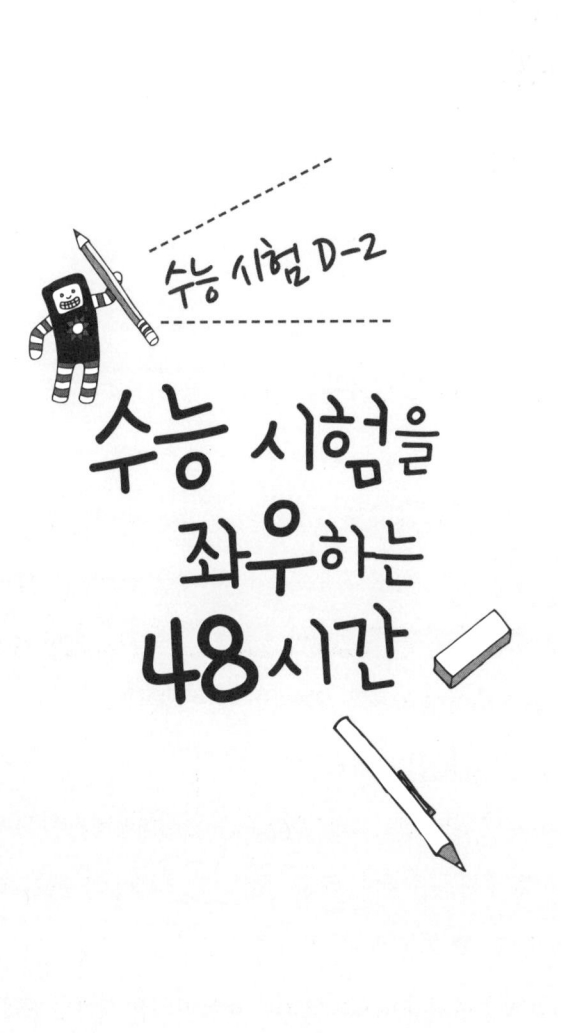

수능 시험 D-2

수능 시험을
좌우하는
48시간

모든 것을 완벽하게 준비하라

인간은 망각의 동물이다. 아무리 많은 연습을 하고 훈련을 해도 잊어버리는 것이 생길 수밖에 없는 존재다. 쉽고 평소 자주 해오던 일이라도 실수할 수 있다는 사실을 기억하고 대비할 필요가 있다. 수능 당일은 더욱 그렇다. 실수에 대한 불안감이 있는 학생들은 수능 당일 체크리스트를 만들어두자. 가이드라인이라 해도 좋고 행동지침서라고 불러도 좋다. 수첩에 깨끗이 쓰든지, 연습장을 그냥 찢어서 쓰든지 상관없다. 기억에만 의존하지 말고 직접 눈으로 볼 수 있는 체크리스트가 필요하다.

어떻게 만드느냐고? 간단하다. 그냥 스스로 수능 시험 당일 잊지 말았으면 하는 것들을 정리해서 써두면 된다. 매 교시를 마치고 해야 할 일을 세세하게 하나씩 적어봐도 좋고, 짧고 굵게 딱 한 가지씩만 적어도 된다. 꼭 행동이 아니라 수능 날 기억해야 하거나 되새기고 싶은 마음가짐을 써가도 된다.

다음은 짧고 굵은 것을 좋아하는 한 남자 수험생의 체크리스트다.

수능 당일 체크리스트 예시

전날

짐 챙기기 잊지 말기

　　−특히 시계와 학용품

전날 휴대폰 꺼두기

아침

아침밥 먹기

도시락 꼭 챙기기

화장실에서 큰일 보기 잊지 말기

시험이 시작되기 전에

시계와 학용품 확인하기

평소 연습해오던 심호흡하기

긴장될 경우에는 잠깐 밖에 나가기

책걸상 확인은 기본!

1교시 마치고

화장실 다녀오기

녹차, 커피 마시지 말기

답 맞춰보지 말기

수리영역

　　−수험표 뒤에 체크리스트 적기

점심시간

점심 양 주의하기

　　−많이 먹으면 졸립다~

교실 환기시키기

시계 챙기기

시험 시작 전 화장실 다녀오기

혼자 영어 스크립트 읽으면서 긴장 풀기

졸리지 않게 사탕, 껌 등 준비하기

과탐에서 시간 배분 주의하기

집에 가는 길

어머니 꼭~ 안아드리기

시험 시간에는 어떤 종이도 반입 불가능한데 어떻게 체크리스트를 꺼내볼 수 있느냐고? 다 방법이 있다. 시험장에 반입 가능한 종이, 바로 수험표가 있지 않은가? 수험표 뒷면에 써두면 시험 시간에 내가 해야 할 일들을 직접 눈으로 보고 확인하면서 할 수 있다.

다음 체크리스트는 수리영역을 풀어가는 과정 중에 해야 할 일들을 수험표 뒷면에 정리한 것이다. 최소한 미리 정리해서 적어간 것들을 보고 있는 순간만큼은 까먹지 않는다.

지금껏 수험생들에게 만들어준 체크리스트 중 가장 짧은 체크리스트는 다섯 글자였다. 공부도 성실히 해왔고 실력도 충분했지만 문제가 어렵게 나오면 자신만 못 풀 것 같다는 생각에 사로잡혀 자신감을 잘 잃던 학생을 위한 것이었다. 몇 번이고 자신의 실력을 믿으라고 말해주었지만 막상 시험을 치면서 어려운 문제를 만나면 "헉, 왜 안 풀리지? 내가 뭘 잘못했나" 하는 생각에 당황하고 다시 정신을 차리기까지 꽤 많은 시간을 소모하는 학생이었다. 그래서 극약 처방으로 절대 잊을 수 없는 다섯 글자를 손등에 크게 적어주었다. 왼쪽에는 '남도' 오른쪽에는 '어렵다'라고. 그 수험생이 시험을 잘 쳤느냐고? 누가 볼까봐 쪽팔려서 시험이 어려웠는지 쉬웠는지, 난이도에 대한 생각이 하나도 들지 않았다면서 고마워했다.

D-2
MUST DO IT

수능 패션 & 컨디션

- 01 수능 당일 옷 미리 입어보기 ☑
- 02 방한용품 챙기기 ☑
- 03 준비물 점검하기 ☑
- 04 친인척 · 지인에게 전화하기 ☑

수능 당일 옷 미리 입어보기

수능 추위와 수능 패션

수능 시험 날이 오면 으레 등장하는 말이 있다. 수능 추위. 11월은 초겨울이니 날씨가 추운 건 특별한 일이 아니다. 그럼에도 수능 시험 당일, 유독 날씨가 춥게 느껴지는 건 왜일까? 그 이유를 객관적이고 과학적으로 따져보고, 수능 당일 입는 옷은 어떻게 준비해야 할지 알아보자.

최근 5년간 수능 당일 기온 및 날씨(서울 기준)

시험일	일교차(℃)	최저 기온(℃)	최고 기온(℃)
2010. 11. 18	10.1	1.9	12.0
2009. 11. 12	6.4	6.0	12.4
2008. 11. 13	10.7	5.3	16.0
2007. 11. 15	6.7	4.6	11.3
2006. 11. 16	7.4	−0.4	7.0

최근 5년간 수능 당일의 최저 기온은 −0.4도에서 6.0도까지 약 6도가량, 최고 기온은 7.0도에서 16.0도까지 약 10도가량 가까이 차이가 있었다. 수능 당일 아침, 얼음이 얼 만큼 추울 수도 있고, 그럭저럭한 초겨울 날씨일 수도 있다. 기상청의 일기예보가 늘 그렇듯 수능 당일의 날씨를 예측하는 건 힘들다. 또 시험장 실내 난방까지 고려해보면 수능 당일 시험실 안의 온도를 예상하는 것은 불가능하다. 밖은 춥지만, 안은 더울 수 있다. 추위와 더위를 모두

타지 않는 축복받는 수험생들에게는 상관없지만, 조금씩이라도 민감한 수험생이라면 수능 시험 D-2 시점에 이를 대비한 수능 복장을 미리 점검해볼 필요가 있다.

수능 당일 옷을 따뜻하게 입어야 한다는 것은 이제 상식 중의 상식이다. 시험장 내부 온도에 맞춰서 적절하게 대응이 가능하도록 얇은 옷을 여러 벌 껴입고 가야 한다는 것도 잘 알려져 있다. 수능 당일 복장의 가장 중요한 조건은 두 가지로 압축된다. 첫 번째는 앉은 자리에서 모두 입고 벗기 편해야 한다는 것이다. 두 번째는 자신이 앉은 그 자리에 보관하기 편해야 한다는 것이다. 앉아서 입고 벗기 불편한 옷은 수능 시험을 보다가 춥거나 더워졌을 때, 감독관에게 손들고 일어나서 옷을 입거나 벗어야 한다. 얼마나 뻘쭘하겠는가? 그나마 자리에서 일어나는 것은 괜찮다. 겨울옷 중에는 의자 등받이에 걸어두는 정도로는 보관이 되지 않는 옷들이 많다. 또 입고 벗을 때 쓸리는 소리가 심한 옷들도 있다. 이런 옷들은 예의를 지킨답시고 가방에 넣어 복도로 내놓는 경우도 있다. 그러면 시험 시간 중, 갑자기 한기가 들 때 복도에 있는 가방에서 외투를 꺼내와야 하는 상황이 발생한다. 반대로, 시험 중에 더위를 느껴 옷을 벗었는데 소리가 나서 주변 수험생들로부터 눈총을 받거나 벗은 옷을 어디 걸어놓기가 애매한 상황이 일어날 수도 있다. 이 두 조건을 모두 충족한다면 어떤 옷을 입고 가도 상관없다.

껴입는 옷은 니트보다는 단추가 달린 셔츠 종류가 입고 벗기 편하다. 시험실에서 여차하면 벗을 수 있게 상의 안쪽에 반팔 티나 얇은 면 티 한 장 정도

입어주는 센스도 발휘하자.

　수능 당일 최악의 복장은 바로 '내복'이다. 가끔 지극정성의 어머님들께서 수능 당일은 항상 춥다며 내복을 사주는 경우가 있다. 내복은 따뜻하지만 시험 중간에 입고 벗는 것이 불가능하다. 땀을 뻘뻘 흘리고 싶지 않다면 내복은 옷장 속에 고이 넣어두자.

싯!
Secret Manual

16 ··· 수능 패션을 결정짓는 두 가지 조건을 확인하는 방법

수능 당일의 복장을 준비할 때, 날씨만큼 고려해야 할 것이 시험실의 난방 상태다. 시험실의 난방 시설 상태에 따라 체감 온도가 달라지고, 한 교시의 시험 시간 내에서도 한겨울과 한여름이 오갈 정도로 극심한 온도 차이가 나는 경우도 있다. 이런 상황은 주로 점심시간 이후인 3교시 외국어영역 시간에 일어난다. 점심시간에 환기를 위해 모든 창문을 열어놓고 난방기기까지 꺼두었다가 3교시 초반 듣기 20분 동안 집중하다 보면 기기를 계속 꺼둔 채 놔둔다. 12시부터 13시 30분까지 1시간 반 동안이나 난방을 하지 않고 있는 셈이기 때문에 덜덜 떨릴 정도로 추워지게 된다. 추위를 타는 수험생들의 건의가 이어지고 다시 난방이 가동된다. 문제는 이때 발생한다. 열악한 시험장이야 온도가 올라가는 데 상당 시간이 걸리지만, 난방 시설이 빵빵한 시험장의 경우 온도가 급상승해 시험실이 금방 훈훈해진다. 일부 수험생들이 "외국어영역 치다가 졸았어요" 하는 때가 바로 이때다. 갑자기 시험장 온도가 올라가면서 긴장감도 함께 풀리기 때문이다. 어떤 수험생은 교실 내 온도계가 25도 이상으로 올라가는 것을 본 적이 있다고 한다. 바로 전까지만 해도 외부

기온과 거의 똑같은 5도 정도였는데 갑자기 한여름 날씨가 된 것이다. 이런 상황은 감독관에게 난방기기를 꺼달라고 요청하면 대부분 해결된다.

그러나 문제는 간단하지 않다. 먼저 여름날 학교에서 자주 일어나는 에어컨 싸움을 생각해보자. 교실 안에서 누구는 춥다고 에어컨을 끄자 하고, 누구는 덥다고 에어컨을 켜자고 한다. 똑같은 상황이 수능 시험실에서도 일어난다. 난방기 근처에 있으면 덥고, 난방의 사각지대에 있으면 추위에 떠는 것이다. 그렇기 때문에 감독관은 난방기기에 대한 요청을 받아도 쉽사리 기구를 끄거나 켤 수 없는 상황이 발생할 수 있다. 요즘에는 난방기기가 천장형 냉·난방기로 교체된 학교가 많아 자리 배치에 따라 추위나 더위로 고생하는 경우가 줄어들고 있지만 아직도 구형 난방기나 스팀을 쓰는 학교가 있으므로 이를 고려해 복장을 준비해야 한다.

난방기기 말고도 고려해야 할 조건은 또 있다. 시험실 출입문과의 거리다. 앞문과 뒷문 근처에 자리가 배치됐다면 외풍에 의해 추위에 시달릴 가능성이 크다. 문 바로 옆자리이기 때문에 문을 꽉 닫아도 바람이 들어올 수 있고, 쉬는 시간과 점심시간에는 사람들이 왔다 갔다 하기 때문에 문이 계속 열려 있게 된다. 쉬는 시간에 내가 춥다고 사람들더러 문이 아니라 창문을 넘어서 다니라고 할 수는 없는 노릇 아닌가. 가끔 시험 시간 중에도 감독관이 들락날락하면서 문이 열려 있을 때도 있다. 자리 배치를 마음대로 바꿀 수 있는 것도 아닌데, 어떻게 해야 하느냐고? 상황을 본질적으로 바꿀 수 없지만 대비할 수는 있다. 모든 상황을 미리 고려해보는 것이다.

방한용품 챙기기

추우면 더 떨린다, 꼭 챙기자 방한용품

수능 시험 당일 유독 추위를 더 느끼는 것은 수험생이 이미 긴장 상태에 있기 때문이다. 그러므로 옷을 따뜻하게 챙겨 입는 것 말고도 추위를 덜어주는 방한용품들을 준비해가면 좋다.

① 담요 여학생들에게는 유용한 준비물이다. 특히 시험실 출입문 근처에 자리를 배치 받으면 담요 한 장의 필요성을 절실히 체험하게 된다. 담요가 외풍으로부터 지켜줄 것이다.

② 목도리, 장갑, 모자 수능 당일 아침, 버스나 전철에서 내려 시험장 안까지 걸어가는 동안에 쓰기 위해서 준비해야 한다.

③ 손난로와 핫팩 유난히 손발이 차거나 배가 찬 수험생들에게 유용하다. 손난로의 경우, 온기 유지 시간이 긴 것을 준비해야 한다. 지속 시간이 10분밖에 안 되는 똑딱이 손난로는 가방 무게만 늘릴 뿐이다. 단 USB로 충전해 사용하는 손난로는 전자기기로 오해받을 수 있으니 주의하자. 평소 배가 찬 수험생은 직접 옷에 붙였다 떼었다 할 수 있는 핫팩을 준비하면 좋다.

④ 두꺼운 양말 · 수면 양말과 슬리퍼 추위 때문에 발이 시릴 수도 있으므로 두꺼운 양말이나 수면 양말을 하나 준비해가면 좋다. 반대로 더위를 탄다면 슬리퍼를 잊지 말자.

준비물 점검하기
수백 번 확인해도 부족하지 않은 것

 자, 이제부터는 수능 시험 당일 가져갈 준비물을 챙겨보도록 하자. 수능 시험 D-7 즈음하여 미리 사놓은 물건들을 단순히 한곳에 모아놓는 데 그치지 말고 가방에 모든 준비물을 넣고 한번 싸봐야 한다. 가방에 쌀 준비물들은 크게 세 가지로 분류할 수 있다. 책상 위에 꺼내둘 준비물, 책상 안에 넣어두어야 할 준비물, 가방 안에 보관할 준비물 등이다.

 수능 시험 D-2쯤 준비물들을 세 가지 분류에 따라 명확히 정리해 가방을 싸도록 하자. 준비물 분류 없이 가방에 아무렇게나 넣어가면 시험장에서 부산해질 수밖에 없다. 가방의 첫 번째 지퍼 주머니 속에는 책상 위에 둘 것, 두 번째 지퍼 주머니 속에는 책상 안에 둘 것, 이런 식으로 준비물을 딱딱 정리하기 쉽도록 해두어야 한다.

 먼저 책상 위에 꺼내둘 준비물은 지우개, 수정테이프, 컴퓨터용 사인펜, 연필, 수험표, 신분증, 시계 등이다. 책상 안에 넣어두어야 할 준비물은 보조시계(수능 시계를 지참하는 경우), 귀마개, 자, 각도기, 연필이나 샤프·샤프심, 빨간 사인펜, 손난로, 휴지, 안경닦이, 사탕, 초콜릿, 껌, 비타민 보충제, 물병, 립글로스, 손수건, 생리대 정도다. 이외의 것들은 모두 가방 안에 보관해야 할 준비물이다.

준비물을 싼 가방은 꼭 하나로 만들어야 한다. 가방이 여러 개가 되었다면 절대로 빼놓고 가는 가방이 없도록 끈으로 손잡이를 묶어두기라도 해야 한다. 아침에 일어나서 여러 개의 가방을 따로 챙기다 보면 빼놓고 가는 것이 꼭 한 가지씩 생기게 된다. 그냥 큰 가방 하나에 다 챙겨놓고, 시험장에 갈 때 그 가방과 도시락만 들고 갈 수 있도록 하는 것이 낫다. 뭔가를 빼먹을까봐 마음 졸일 것 없이 처음부터 실수할 여지를 없애는 것이 가장 현명하다.

지금부터 수능 시험 당일 가져갈 준비물들을 직접 아래에 정리해보자. 수능 대박이 성큼 다가올 것이다.

보관 위치별 준비물

책상 위	책상 안	가방 속

친인척 · 지인에게 전화하기
수능 전날 컨디션 관리를 위한 개념 있는 전화 한 통

고등학교 2학년 때는 수능 전날 길거리나 대형마트에서 판매하는 합격엿 혹은 수능 기획상품을 보면서 속으로 '수능이 뭐 대수라고 선물까지 받아야 해?'라고 생각할지도 모르겠다. 하지만 막상 수험생이 되면 내가 이렇게도 사랑을 받았나 싶을 정도로 많은 선물과 격려 전화를 받게 된다. 관심과 사랑을 받는다는 것은 좋은데 단 한 가지 문제가 있으니, 그것은 수능 전날 관심을 몰아서 받을 가능성이 크다는 것이다.

수능 전날에는 예상보다 많은 친척이나 아는 분들의 격려 전화를 받게 된다. 어떤 분은 직접 집에 찾아오셔서 응원해주시기도 한다. 수능 잘 치라는 정말로 순수한 응원과 관심의 표현이지만 수험생에게는 신경 쓰이는 일이다.

수능 전날 받는 격려 전화나 응원 방문이 신경 쓰이는 이유는 연락이 오는 시간에 있다. 낮에 연락하면 좋겠는데 보통 전화를 하거나 찾아오는 분들은 집에서 텔레비전을 보다가 내일이 수능이라는 9시 뉴스를 보고 전화하는 경우가 많기 때문이다. 생각해보자. 수능 전날 저녁 9시가 어떤 시간인가. 저녁을 먹고 나서 깨끗이 씻고 내일 수능을 위해서 마지막으로 점검하는 시간이 아닌가. 이 소중한 시간을 방해받게 되면 스트레스를 받을 수 있다.

그러나 이렇게 연락을 주시는 분들은 모두 우리에게 사랑과 관심이 있는 분들이다. 이런 분들의 연락을 무작정 끊고 숨는 것이 양심에 찔린다면 이런 분들께 먼저 연락을 드리도록 하자. 단, 수능 전날이 아니라 상대적으로 신경이 덜 예민한 수능 시험 D-2에 전화를 드리는 것이다. 상상해보자. "할머니, 저예요. 할머니께서 수능 친다고 걱정하고 계실까봐 제가 먼저 연락드렸어요. 저 공부 열심히 했으니까 너무 걱정하지 않으셔도 돼요. 대신 시험 잘 치라고 꼭 기도해주세요." 얼마나 아름다운 모습인가! 이 모습을 옆에서 보고 계시는 부모님도 흐뭇해하실 것이다.

D-2
MUST DO IT SCHEDULER

D-4

있으면 좋은 개인용품 챙기기 ☑

D-3

틈틈이 먹을 간식 챙기기 ☑

D-2

수능 당일 옷 미리 입어보기 ☐   준비물 점검하기 ☐
친인척·지인에게 전화하기 ☐   방한 용품 챙기기 ☐

D-1

D-0

D+1

D-2

배포와 배짱으로 하는
48시간의 컨디션 조절

　수능 시험 D-2. 긴장감과 불안감을 떨치려 여러 방법을 써봤겠지만 떨치지 못한 수험생들이 분명 있을 것이다. 이제 더 이상 새로운 방법은 없고, 극단적인 방법을 쓸 수밖에 없다. 바로 스스로의 불안 속으로 들어가는 방법이다.

　대부분의 수험생들이 가지는 불안은 결과에 대한 불안이다. 원하는 결과를 현실에서 얻지 못할까봐 불안한 것이다. 이상적인 목표와 현실적인 결과는 다를 수밖에 없다. 원하는 대로 현실이 이루어진다면 무엇을 고민하고 불안해하겠는가? 이상과 현실의 차이가 불안감의 원인이다. 그렇다면 불안감을 없애기 위해 이상과 현실을 어떻게 일치시킬 수 있을까? 간단하다. 아무것도 기대하지 않고, 아무 목표도 세우지 않으면 된다. 심리적으로 포기하는 것이다. 모두들 큰 꿈과 희망을 가지라는데 이제 와서 포기하라니 당황스럽다고? 오해하지 말자. 정말로 모든 것을 포기하고 시험도 치지 말라는 것이 아니다. 최악의 상황을 받아들일 배포를 가져보라는 말이다.

　이상과 현실의 차이에 대한 불안은 상상으로 가중된다. 시험에 실패하는 것을 상상하고, 대학에 낙방하는 것을 상상하기 때문에 불안해진다. 이럴 때는 불안을 피할 것이 아니라 정면 돌파하는 배짱을 부려보자. 수능에 실패할까봐 불안하다면 정말로 실패했을 때를 생각해보자. 상상력은 힘이 세다. 긍정적이든 부정적이든 말이다. 연습장을 펼쳐놓고 수능에 실패하면 어떻게될지 하나씩 써본 다음, 실제로 수능을 잘 못 치면 어떻게 되는지 찾아서 비교해보자. 주변 선배의 이야기를 들어도 좋고 인터넷에서 수능에 실패한 수험생들의 수기를 찾아봐도 좋다. 현실은 상상했던 최악의 상황과 다름을 알 수 있다. 이 사실을 알게 되면 불안감이 조금은 줄어든다. 부정적인 상상은 과도한 상상일 뿐이라는 사실을 직접 눈으로 확인했기 때문이다.

　대학수학능력평가시험? 인생에서 중요하다. 하지만 수능을 못 쳤다고 해서 인생의 영원한 패배자가 되는 것은 아니다. 얼굴에 "올해 수능 못 쳤어요"라고 낙인이 찍히는 것도 아니다. 이번에 수능을 못 쳤다고 해서 다음번에 또 못 치라는 법도 없다. 여러분의 인생에서 기회는 여전히 무궁무진 남아 있다.

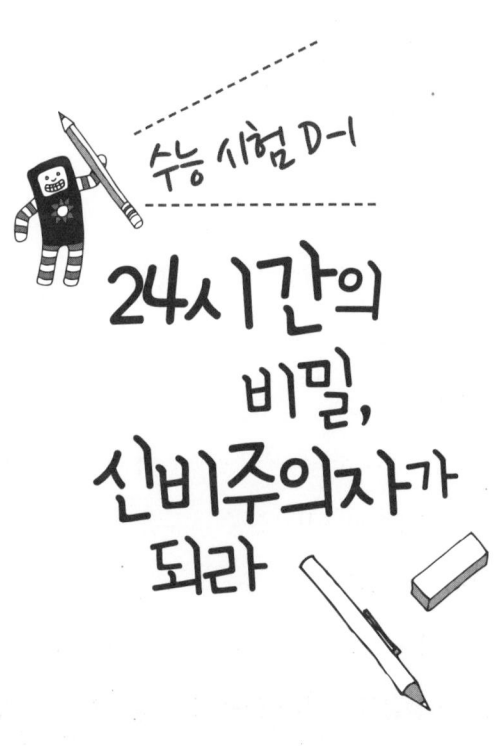

수능 시험 D-1

24시간의 비밀, 신비주의자가 되라

세상의 관심을 피해
오직 나에게 집중하는 시간

　수능 시험 D-1. 시험 준비를 착실히 해왔던 학생, 매일매일 놀기만 했던 학생, 이미 수시에 합격하고 등급만 받으면 되는 학생, 그 누구라도 마음이 붕 뜰 수밖에 없는 날이다.

　내일이 수능 시험이라는 사실 하나만으로 등굣길이 달라 보이고 반 교실 공기도 다르게 느껴진다. 이뿐만이 아니다. 수능 시험 전날 아침, 책상에 앉으면서 울 뻔했다는 학생들이 한두 명이 아니다. 걱정하지 말자. 실제로 눈물은 수험표를 받는 순간에 나오는 경우가 제일 많으니까 말이다. 학교에서 많은 시간을 보낸 기숙사 생활을 한 학생들이 가장 많이 운다. 이제 학교를 떠나야 한다는 생각에 펑펑 우는 학생들도 있다. 그러나 수능을 치고 나서도 학교에는 다시 와야 하니 아쉬움은 그때 토로하기로 하자.

　많은 사람들이 수능 전날까지도 열심히 공부해야 한다고 말한다. 시험 전날이라도 그냥 힘닿는 데까지 공부하는 게 최선이라는 것이다. 하지만 이 말은 공허한 외침일 뿐이다. 마음이 싱숭생숭하고 무진장 긴장되는데, 집중력을 요하는 공부가 될 리 없다.

수능 시험 D-1. 공부를 해도 좋고 하지 않아도 좋다. 수능 전날에 드는 모든 기분을 하나하나 느껴보도록 하자. 내일은 내 인생에서 최초의 큰 관문을 넘는 날이다. 떨리고 묘한 기분이 드는 게 당연하다. 앞으로 여러분의 인생에 얼마나 많은 시험이 있을지, 독립적인 한 인간이 되기 위해 얼마나 많은 관문을 넘어서야 할지 모른다. 현실은 결과만을 보여주지만 내 마음속에는 보이지 않는 과정들이 더 많이 남아 있을 것이다. 그 과정과 노력을 믿는다면, 어쩌면 지금 수험생들이 느끼고 있을 불안감과 설렘, 그리고 낯설음까지 그 모든 것들이 소중한 첫 경험이고 선물이 될 수 있다. 아무런 불안도, 고뇌도 없는 사람은 노력하지 않는 사람뿐이다. 조금 불안해도, 조금은 무서워도, 조금 설레고 떨려도 너무 걱정하지 말자.

하지만 역시 잔소리는 빠뜨릴 수 없다. 수능 전날이라는 기분에 너무 들뜨지는 않도록 하자. 내일이 되면 모든 것이 끝날 것이라는 생각에 '최후의 만찬'을 즐기는 학생들도 있다. 최초의 시험을 앞둔 이날, 최후의 일전을 치르겠다고 게임방을 찾는 일부 남학생들도 있고, 최후의 수다를 위해서 삼삼오오 카페를 찾는 여학생들도 있다. 나쁘지는 않은 방법이다. 긴장을 풀기 위해 친구들과의 시간을 보내는 것도 좋다. 하지만 그 모든 건 딱 저녁 식사 전까지다.

수능 시험은 혼자 치는 것이다. 시험장은 혼자 들어가야 하며, 시험 시간

중에는 아무도 나를 도와주지 않는다. 결정적인 순간에 의지할 수 있는 것은 항상 나 자신뿐이다. 그러니까 아무리 불안하고 고독해도, 아무리 미래가 암울해 보이더라도 저녁 때부터는 자기 자신과 대화의 시간을 가지도록 노력해보자. 이 모든 상황을 혼자서 겪어낼 내일의 주인공, 바로 나에게 말을 거는 것이다. 용기를 주는 것도, 불안감을 떨쳐주는 것도, 모두 스스로 해내야 한다.

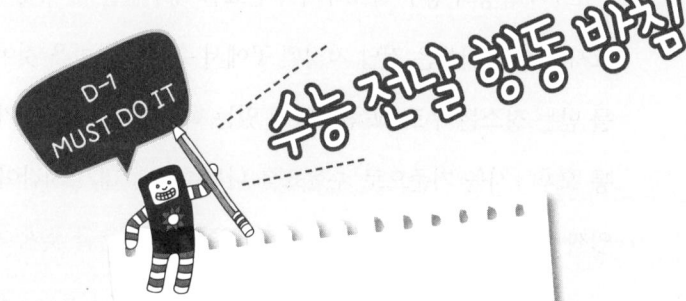

D-1
MUST DO IT

수능 전날 행동 방침

01 수험표 수령하기 ☑
02 시험장 가는 길 확인하기 ☑
03 휴대전화 꺼두기 ☑
04 준비물 최종 점검하기 ☑
05 점심 먹을 친구들에게 연락하기 ☑
06 무조건 일찍 잠들기 ☑

수험표 수령하기

수능 시험의 아이디, 수험표

고3 재학생의 경우 학교에서 수험표를 배부받을 것이고, 재수생 혹은 검정고시 출신 응시생은 전날 지정된 곳에서 수험표를 받을 것이다. 이때 수험표를 받는 장소는 주로 교육청 옆에 있는 학교의 강당이 될 가능성이 크다. 보통 오후 1시를 기준으로 수험표를 나눠주는데 대기 시간이 생각보다 길다. 일찍 가서 줄을 서 있다가 1등으로 받아오거나 조금 늦게 가서 느긋하게 받는 것 중 하나를 선택하는 것이 마음 편하다. 또 수험표를 수령할 땐 신분증이 필수라는 사실을 잊어서는 안 된다. 많은 수험생, 특히 재수생들이 이날 신분증을 가져오지 않아 당황한다. 그럴 경우에는 가까운 동사무소로 사진 한 장을 가져가서 주민등록증을 신청하고 주민등록증 신청서를 발부 받아오도록 하자. 급한 대로 신분증 대용으로 사용할 수 있다. 그리고 혹 내일 일어날 수도 있는 불의의 사태들에 대비해서 신분증용 사진 한 장을 지갑 속에 챙겨두는 센스를 발휘해보자.

수험표를 받고 나서는 꼭 수험번호를 다른 곳에 적어두어야 한다. 수험번호를 다른 곳에 적어두어야만 수험표를 분실했거나 다른 변동사항이 있을 때 빠르게 일처리를 할 수 있다. 부모님께도 수험번호를 미리 알려드리는 것이 좋다. 수능 당일에 도시락이나 시계 같은 중요한 준비물을 빠뜨리고 갔을 때, 부모님이 교문 출입을 허가받거나 수험생에게 준비물을 전해주려면 정확한 수험번호를 알아야만 하기 때문이다.

가장 편한 방법은 부모님께 문자를 보내드리는 것이다. 예문으로, "어머니, 저 수험번호 ○○○○○○○○에 시험장은 △△고등학교로 배정받았어요. 이제 시험장 확인하러 가볼게요. 걱정 마세요"를 추천한다.

17 수험표를 대리 수령하는 방법

최후의 최후까지, 공부할 시간을 벌기 위해 수험표의 대리 수령을 부탁하는 수험생들이 간혹 있다. 이때 알아두어야 할 것이 있다. 수험표의 대리 수령은 친구에게 부탁할 수 없다는 사실이다. 서류상에 등재된 실제 친족만이 수험표를 대리 수령할 수 있다. 이때에도 실제로 친족임을 입증할 수 있는 주민등록등본, 가족관계등록부, 건강보험증 등의 서류가 꼭 한 통 필요하다.

18 시험장 잠입하여 내 시험 조건을 확인하는 방법

수험표를 받았다면 시험장에 가볼 것을 추천한다. 원칙상 시험장 입실은 금지되어 있다. 실제로 좀 늦은 시간에는 시험실에 문이 잠겨 들어갈 수 없다. 하지만 보통 시험장 감독관 회의가 2시에 있기 때문에 3시 전

시험실 모식도

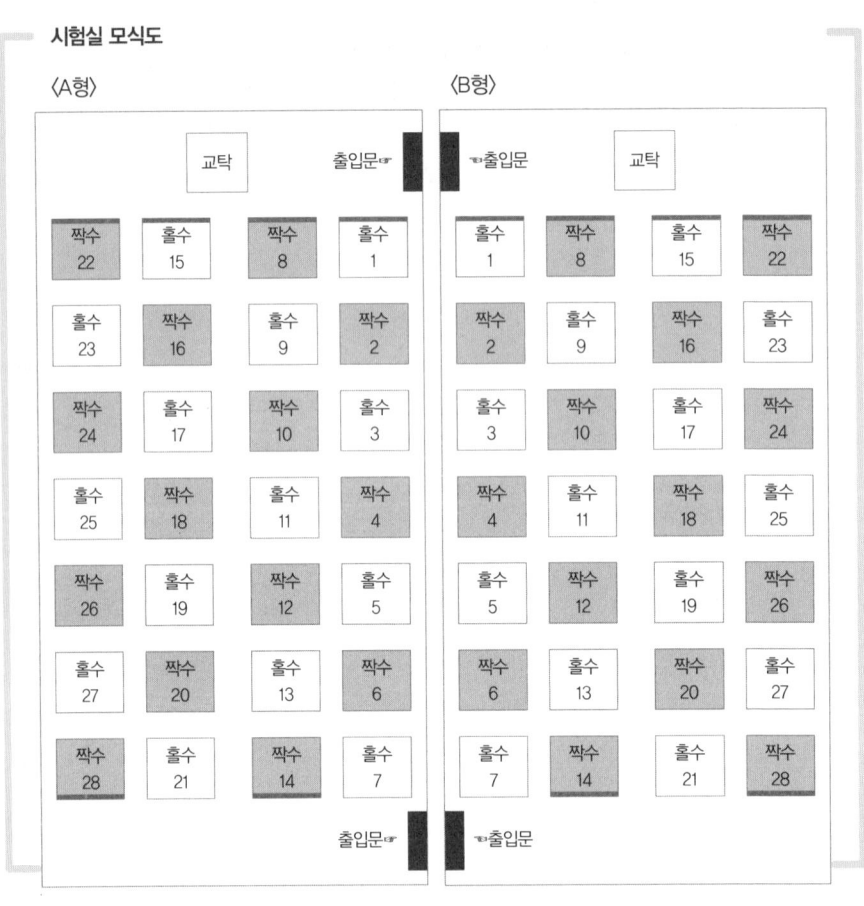

까지만 가면 시험장 잠입이 가능하다. 왜냐고? 문을 잠그면 회의한 사람들이 집에 못 가기 때문이다. 한 대범한 수험생은 미리 가서 사진도 찍고, 시험실에 형광등이 안 들어오는 것을 발견하곤 교무실에 가서 항의까지 하고 왔다고 한다. 시험실에 들어가 나에게 불편한 것이 발견됐다면, 최대한 나에게 편한 환경으로 바꿔놓거나 내일 아침 일찍 고사본부에 건의할 수 있도록 미리 메모를 해두자. 그러나 앞서 말했듯 시험장 입실은 원칙적으로 금지되어 있다. 괜히 걸리면 문제가 크게 생길 수 있으니 조심하자.

① 책걸상의 위치와 상태 확인하기 : 시험장에 몰래 입실하는 데 성공했다면 책걸상의 상태부터 확인해보자. 걸상은 교환이 쉽지만 책상은 수험번호 스티커 때문에 교환이 어려울 수도 있으니 개인이 알아서 잘하도록 하자. 시험장 내 좌석 배치를 생각해볼 때 8번, 15번 자리는 부지런한 준비가 필요하다. 특히 자기 앞에 있을 교탁 위치에 대한 진지한 성찰이 필요하다. 바로 수능 당일인 내일, 그 교탁에 감독관이 하루 종일 서 있을 가능성이 90% 이상이기 때문이다. 평소 주변에 누군가 서 있는 것에 심하게 민감한 사람이라면 특단의 조치를 고려해봐야 한다. 어떤 행동을 해야 하는지 모르겠다고? 갑자기 착한 척하지 말자. 내 자리가 8번이라면 교탁을 최대한 15번 쪽으로 밀어내고, 내 자리가 15번이라면 교탁을 8번 쪽으로 밀어내는 것이다. 옆 사람에게 책임을 전가하는 것이 양심에 걸린다면 최소한 교탁을 8번과 15번 사이에라도 두도록 하자. 그리고 집으로 돌아오는 동안 내일 하루 종일 내 옆에 혹은 내 앞에서 감독관이 나를 지켜보고 있는 가운데 시험을 치는 상황을 이미지 트레이닝하도록 하자.

② 스피커의 사각지대 확인하기 : 대부분의 학교에는 스피커가 1번 자리 앞에 한 개만 붙어 있는 경우가 많다. 이런 교실에서 22번 자리는, 이른바 방송의 사각지대가 된다. 만약 앞에 대형 텔레비전 수납장까지 있다면 이는 정말로 끔찍한 일이다. 그럴 경우에는 대형 수납장을 미리미리 밀어서 내 움직임과 시야에 방해되지 않도록 떨어뜨리자.

③ 출입문에 대처하는 자세 : 7번 자리에 앉게 되었다면, 내일 챙겨야 할 준비물 리스트에 자물쇠 하나 추가하자. 사람들이 내 뒤로 이동하는 게 신경 쓰일 것 같으면 아침 일찍 남들 안 볼 때 문을 잠그면 된다. 잠그지 않고 자물쇠를 걸어만 놓아도 사람들이 원래 잠겨 있는 줄 알고 그냥 앞문을 이용한다. 인간의 심리는 허점이 많다. 정말로 잠갔다가는 주최 측의 보복이 있을지도 모르니 걸쳐만 놓자.

19 시험장 잠입했다 걸렸을 때

수능 전날 미리 시험실에 몰래 입실했다가 걸려서 교무실에 붙들려갔다면 절대로 먼저 "죄송합니다"라고 말하지 말자. 일단 "죄송합니다"라고 말하는 그 순간, 스스로에게 모든 잘못이 있다고 인정하는 셈이 된다. 너무 빨리 포기해버리는 것이다. 무조건 먼저 "왜 그러세요?"라고 순진하게 말해야 한다. 감독관 혹은 학교 측 관계자가 왜 무단으로 교실에 들어갔는지를 물으면 "몰랐어요"라고 순진무구한 표정으로 말하자. 착한 척은 이때 하는 것이다. 교실에 들어오면 안 된다는 사실을 아무도 말해주지 않았고 어떠한 경고문도 없었으며 열려 있는 문을 그냥 들어온 것이라고 답하자. 그러니 내가 여기 있는 것은 단지 열려진 문에 발만 넣었을 뿐이라고 말이다. 혹 착한 척 전략이 먹히지 않는다면 이렇게 경고문도 하나 없이 아무나 들어올 수 있게 환경을 방치해둔 여기 관리자도 같이 책임을 져야 하는 것이 아니냐고 당당히 말해보자. 잘 먹힐 수도 있다. 하지만 사람도 봐가면서 말해야지, 괜히 화를 돋울 수도 있으니 조심하자.

시험장 가는 길 확인하기
컴백홈하면서 해야 할 일

예비 소집이 끝나고 집으로 돌아오는 길에는 꼭 시험장 주변의 교통 환경을 확인해야 한다. 대부분 대중교통을 이용하겠지만, 그 대중교통 수단도 문제를 일으킬 수 있기 때문이다.

2009학년도 경희대학교 무용학과 실기시험이 있는 날이었다. 지하철을 타고 시험장으로 가는 길이었는데 지하철 1호선이 선로 중간에서 갑자기 멈췄다. 지하철 승객들은 '곧 다시 가겠지' 하면서 느긋하게 바깥 하늘을 바라보고 있었다. 하지만 예상과 달리 열차 정지 시간이 길어지면서 지하철 한쪽에 타고 있던 학생들이 소란스러워지기 시작했다. 알고 보니 그 학생들은 경희대학교 무용학과에 지원한 학생들인데 입실 완료 시간이 점점 가까워져왔던 것이다. 지하철 내에 있던 무전기를 이용해 역무원과 계속 통화를 시도해봤지만 곧 복구될 것이라는 답변만 돌아올 뿐 시간은 점점 흘러만 가고 있었다. 결국 어떻게 되었을까?

학생들이 지하철의 비상 개폐기를 이용해서 문을 열더니 선로 위를 뛰어가기 시작했다. 그 학생들이 어떻게 되었는지 뒷이야기는 아직 듣지 못했다. 하지만 지하철이 늦을 수도 있다는 사실을 뼈저리게 느낄 수 있는 사건이었다. 이외에도 철도 노조 파업 기간과 공교롭게도 겹쳐 서울대학교 수시 면접에 지각한 수험생의 이야기나 KTX 열차 지연에 따라 동국대학교 면접시험에서 탈락한 어느 수험생의 이야기도 유명하다.

그러므로 수능 당일 아침에는 일찍 출발하는 것이 기본이다. 원래 생각했던 교통편에 사고가 발생했을 경우에는 다른 길로 시험장에 갈 수 있는지도 미리 파악해둬야 한다. 수험표를 받고 나서 시험장에 처음으로 가볼 때에는 지하철을 이용하고 돌아올 때는 도로 상황을 보기 위해 택시를 타보면 교통편을 파악하는 데 가장 용이하다.

매년 수능 시험 당일, 9시 뉴스의 단골 화면이 지각으로 인해 경찰 오토바이 뒤에 타고 등교하는 학생들의 모습임을 감안하면 이 정도 준비는 꼭 해두는 것이 좋다.

휴대전화 꺼두기

수능 전날, 휴대폰은 잠시 꺼두셔도 좋습니다

수능 시험 D-1의 저녁, 혼자만의 고요한 시간을 갖고 싶다면 휴대폰을 꺼서 멀리 다른 곳에 두어야 한다.

휴대폰을 알람 시계로 이용할 경우, 수능 시험 전날 밤에도 휴대폰을 켜놓고 자는 수험생들이 있다. 휴대폰을 켜놓으면 잠든 와중에 친척 혹은 아는 형, 오빠, 언니 등에게서 전화가 걸려와 잠에서 깨버리는 경우가 생길지 모른다. 또는 곤히 자는 새벽에 "사랑합니다. 고객님. 고객님은 1,000만 원 대출 가능하십니다. -수능 캐피탈" 같은 문자를 받고 깰 수도 있다.

알람 시계가 없다면, 수능 전날 딱 하루를 쓰더라도 하나 구입해서 알람 때문에 휴대폰을 켜놓아야 하는 상황을 만들지 말자. 휴대폰은 전날부터 아예 꺼두는 것이 좋다. 미리 꺼둔 휴대폰은 손이 잘 가지 않는 곳에 보관해 아침에 습관적으로 휴대폰을 챙겨나가는 실수도 없도록 해야 한다.

준비물 최종 점검하기

늦잠을 자도 그냥 들고 나갈 수 있는 가방 하나 싸기

모든 아침이 그렇지만 수능 당일 아침은 더욱 바쁘다. 보통 6시 정도에 일어나서 준비를 하고, 수험장에 늦어도 7시 30분 도착을 목표로 출발하게 되기 때문이다. 따라서 준비물을 챙겨놓을 때도 대충 눈으로만 챙겨둘 것이 아니라 모든 짐을 완벽하게 싸놓아야 한다. 그래서 다음 날 아침 딱 눈을 뜨면 도시락과 책가방만 가져가면 되게끔 해야 한다. 특히 지갑, 신분증, 수험표, 손목 시계 등의 경우 따로 두었다가는 아침에 깜빡하고 놓고 갈 수 있기 때문에 미리미리 수능 당일을 위해 가방 안에 넣어두는 것이 낫다. 또 아침에 무슨 옷을 입을지 고민조차 하지 않도록 내일 입을 옷과 신발까지도 챙겨두는 것이 현명하다.

점심 먹을 친구들에게 연락하기

친구야, 같이 밥 먹자

수능 시험의 점심시간은 50분으로 생각보다 짧다. 이 시간 동안 점심을 함께 먹을 친구를 찾아 헤매고, 모여서 어디에서 먹을지 적당한 곳을 찾다 보면 15분쯤이야 그냥 날아간다. 여럿이 모여서 도시락을 먹는 경우, 이 반이냐 저 반이냐 장소를 고르는 데 너무 많은 시간을 쓰게 될 수도 있다.

수능 시험 당일의 점심시간을 효율적으로 보내기 위해서는 수능 전날 수험표를 받을 때 같은 시험장을 배정받은 친구들과 연락을 미리 취해 어디에서 어떻게 모이자고 약속을 해두는 것이 좋다.

무조건 일찍 잠들기

수능 대박 꿈을 꾸려면 일찍 꿈나라로

수능 전날 밤, 많은 수험생들이 일찍 잠들지 못할까봐 걱정하지만 실제로는 눕자마자 잠이 든다. 하루 종일 높은 긴장감 속에 피로했기 때문이다. 그러니 걱정하지 말자. 만약 잠이 안 온다면 따뜻한 우유 마시기, 따뜻한 물로 샤워하기 등을 해보자. 수능 전날 아무리 잠이 안 와도 절대로 해선 안 될 행동은 먹어본 적도 없는 수면제를 먹는 것이다. 전날 먹은 수면제가 다음 날까지 몸에 남아서 수능 당일 아침 내내 졸리게 될 수도 있다.

쉿!
Secret Manual

수능 전날 잠이 오지 않아 공부를 해야겠다 결심할 때

수능 전날 일찍 자려고 누웠는데, 잠이 오지 않는 가장 큰 원인은 하루 종일 긴장감 때문에 정신은 피로하지만, 몸은 너무 편안했기 때문인 경우가 많다. 평소 아침 7시에 학교에 가서 11시까지 힘들게 공부하다 자던 생활에 익숙한 몸이다. 하루 종일 아무것도 한 일이 없는데 10시도 안 돼서 잠을 청하면 잠이 올 리 없다. 한 게 없어서 잠이 안 오는 학생들에게는 정말로 진지하게 공부해볼 것을 권한다. 그것도 평소에 가장 공부하기 싫었던 영역으로! 어쩌면 이것이 잠을 부르는 가장 강력한 비법일지도 모른다.

D-1
MUST DO IT SCHEDULER

D-3

D-2

수능 당일 옷 미리 입어보기 ☑   준비물 점검하기 ☑

방한 용품 챙기기 ☑   친인척 · 지인에게 전화하기 ☑

D-1

수험표 수령하기 ☐

시험장 가는 길 확인하기 ☐

휴대전화 꺼두기 ☐

준비물 최종 점검하기 ☐

점심 먹을 친구들에게 연락하기 ☐

무조건 일찍 잠들기 ☐

D-0

대망의 수능 시험!!

D+1

수능 시험, 풀기도 바쁜데 가채점을 하고 싶다면

많은 수험생들이 정답을 적어와서 시험을 마치자마자 가채점하려고 달려든다. 시험이 끝나면 재빨리 채점해서 자신이 몇 점을 받았는지 알고 싶은 것은 당연하다. 그러나 수능 때만큼은 정답을 적어오는 것을 자제하는 것이 좋다.

단 1분 1초가 아까운 시간을 가채점을 위한 정답을 적는 데 소모하는 것은 어리석은 일이다. 그 시간에 단 한 문제라도 더 풀어보고, 단 한 번이라도 마킹을 확인하고, 실수가 없는지 살피는 것이 현명하다. 정답을 적어오는 데 1분도 걸리지 않는다는 주장도 있지만, 1분이면 최소한 마킹 15개를 확인할 수 있는 시간이다.

가채점 결과를 보고 정확한 입시 전략을 세워야 한다고 말하는 사람들도 있다. 입시는 원점수를 그대로 반영하지 않는다. 특히 사탐·과탐영역은 같은 원점수 만점이라도 변환표준점수가 10점 이상이나 차이 나는 경우가 많

194

아, 성적표가 나오기 전 가채점한 원점수를 기준으로 세웠던 입시 전략은 대부분 무의미하게 된다.

마지막으로, 정답을 적어온다 해도 실제 채점 결과와 차이 나는 경우가 많다. 2011년도 수능 시험 후 인터넷에 가채점 결과, 수능 만점을 받은 학생이 있다는 뉴스가 올라왔다. 몇 년 만에 나온 만점이었기 때문에 학생 당사자는 물론이고 학생의 출신 학교까지 들떠 있다는 내용이었다. 그러나 수능 성적표가 발표된 이후, 수능 만점자에 대한 뉴스는 단 한 건도 찾아볼 수 없었다. 그 학생은 490점대의 우수한 성적을 거뒀지만 애초 가채점 점수처럼 500점 만점은 아니었다고 한다. 초상위권의 학생도 정답을 적어와서 가채점할 때 틀리는 경우가 많은데 평범한 학생들은 말할 것도 없다.

그래도 수험생 입장에서는 막상 시험을 잘 친 것인지 아닌지 궁금한데 어떻게 하는 것이 좋을까? 일단은 참고 모두 끝난 이후에 가채점하는 게 좋다.

수능 당일에는 기억에만 의존해 채점해도 신기하게 대부분의 경우 정답이 기억난다. 물론 기억에만 의존했기 때문에 실제 점수와는 10점 정도 차이가 날 수 있다. 또 채점을 하면서 무의식적으로 정답에 맞게 표시했다고 기억하는 경우가 많기 때문에 차이가 나기도 한다. 이럴 경우에는 인터넷을 통해 수능 시험 문제지를 내려받아서 종이로 인쇄한 다음, 자신이 풀었던 답을 시험지에 표시하고 나서 채점하면 더욱더 정확성을 높일 수 있다.

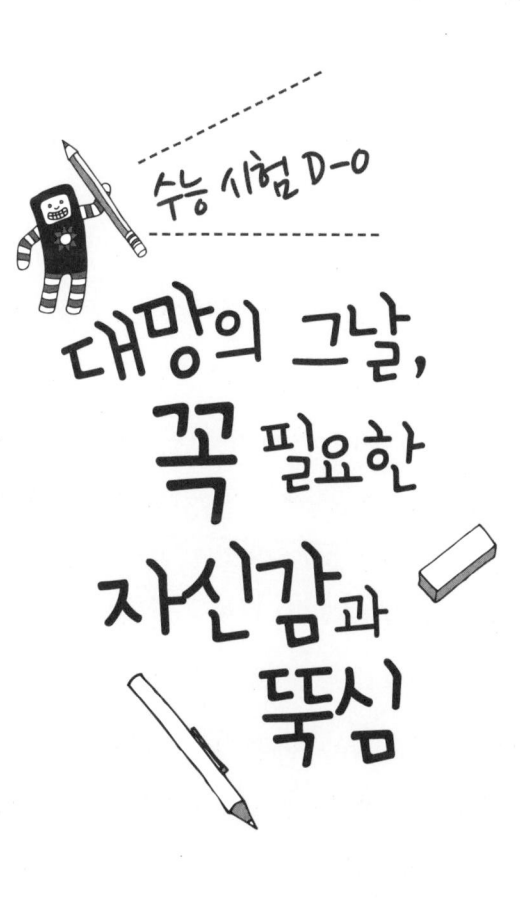

수능 시험 D-0

대망의 그날,
꼭 필요한
자신감과
뚝심

D-o
INTRO

처음 맞이하는
수능 날의 아침

많은 사람들이 수능 당일 아침은 꼭 먹어야 한다고 말한다. 아침은 먹는 것이 유리하다. 그렇다면 어떤 식단이 좋을까? 그냥 평소 먹던 음식들이 가장 좋다. 먹으면 미끄러진다는 미역국이나 죽 쏜다는 죽을 먹어도 전혀 상관없다. 수능 당일 아침, 대담하게 미역국을 먹은 한 수험생은 경희대 의과대학에 수석 합격했다. 습관적으로 아침을 안 먹던 사람은 어떻게 해야 할까? 수능 날이라 해서 안 먹던 아침을 억지로 먹을 필요는 없다. 하지만 학교 가는 길에 배가 고플지도 모르니 간단한 대용식은 준비하는 것이 좋다.

수능 당일 아침에 대해 꼭 해주고 싶은 이야기가 있다. 이제 곧 지금껏 경험하지 못한 사상 최악의 환경에서 시험을 치를 것이라는 사실이다. 수능은 국가 단위의 시험이다. 당일 비행기의 이착륙이 제한되고, 공무원과 대기업 직원들의 출근 시간이 늦춰진다. 따라서 시험장은 시험을 위한 모든 준비가 완벽히 된 쾌적한 환경일 것이라 기대하지만 사실 정반대다. 세상의 그 어떤

198

시험장도 내가 다닌 학교와 교실만큼 익숙할 수는 없다. 학교 건물 구조와 교실, 책걸상, 방송 환경과 난방시설, 화장실 냄새까지 익숙하던 교실에 비한다면 열악할 수밖에 없다.

한 시험장에서 함께 시험을 치르는 수험생들도 학교 친구들과는 영 다르다. 수능은 중요하니까 모든 수험생이 경건한 마음으로 올 것 같지만 현실은 그렇지 않다. 같은 시험장에 배정된 28명 중 꼭 1~2명은 하루 종일 시험 내내 잠만 잔다. 그냥 자는 것이 아니라 코를 골고 잠꼬대까지 할 수도 있다. 같은 반 친구들이라면 시험 중에 기침을 하거나 다리를 떠는 행동도 알아서 자제하고 좋은 시험 분위기를 만들기 위해서 서로 노력한다. 그러나 수능 현장에서는 나오는 기침을 어떻게 하느냐고 오히려 감독관에게 소리치고, 긴장돼서 다리 좀 떤 게 대수냐며 당당한 모습을 보인다.

시험 감독관도 무섭다. 부정행위자를 색출하기 위해 매의 눈이 된 감독관 두 명이 끊임없이 교실을 휘젓고 다니며 수험생을 감시한다. 시험 시간 중 큰 소리로 수능 시 주의사항을 읽어주거나 시간 내에 다 마킹하라고 계속 압박하기도 한다.

시험장이 사상 최악의 환경임을 수능 현장에 들어섰다가 뒤늦게 깨달으면 당황하기 일쑤다. 차라리 모든 것이 불리한 조건에서 시험이 치러질 것을 각오하면, 막상 시험장에 도착해서 "오, 예상보단 좋은데? 난 역시 행운의 사나이야"라고 긍정적으로 생각할 수 있다. 열악한 조건도 뒤집어보면 유리한 조건이 된다. 시험 중간에 눈치 덜 보고 화장실에 갈 수도 있고, 코를 풀 수도 있고, 다리를 떨 수도 있다. 담임 선생님이라면 결코 할 수 없는 부탁을 수능 당일 하루만 보고 '안녕' 하는 감독관에게는 다 할 수 있다. 세상에 불리하기만 한 조건은 없다. 이 사실만 알고 수능 당일 아침을 시작해도 그대는 대승할 수 있다.

수능 당일 아침, 시험장으로 가는 길에 라디오나 길가 스피커에서 나오는 노래 소리를 주의하도록 하자. 특히 후배들이 선배들을 위한답시고 시험장 입구에 스피커를 가져와 노래를 틀어놓고 응원을 하는 경우가 있다. 귀마개를 껴서라도 괜히 엉뚱한 노래를 듣지 않도록 주의해야 한다. 하루 종일 머릿속에 노래가 윙윙거려 시험에 집중하지 못하는 수험생들이 꽤 있다. 응원 나온 후배 혹은 선생님들이 나눠주는 음료나 커피는 차분히 마음만 받도록 하자. 본인에게는 자극적인 음료가 될 수 있기 때문이다.

대부분의 시험장은 정문에서 수험표를 검사하고 수험생에게만 입실을 허용한다. 정문을 통과해서 들어가는 순간부터 대망의 수능이 시작된다.

수능 시험 당일
행동 요령

D-o
MUST DO IT

1교시 시작 전 행동 요령

두근두근, 시험 시작 전 이렇게 행동하자

7시 30분쯤 입실하면 입실 완료 시간인 8시 10분까지는 대충 40분 정도 시간이 남는다. 40분 동안 무엇을 하면 좋을까?

일단 지금 앉아 있는 자리를 세상에서 나에게 가장 편한 자리로 만드는 데 주력해야 한다. 책걸상 높이가 불편하다면, 나에게 맞는 책걸상으로 바꿔치기하자. 시험실 안에 있는 책걸상은 바꿔치기하다 주인(?)에게 걸릴 수도 있다. 되도록 복도에 있는 책걸상 중에서 찾자. 책걸상의 전체적인 상태를 확인하고, 책상 위도 깨끗하게 닦고, 책상 안도 휴지로 슬쩍 닦아보자. 책상 안에 쓰레기가 남아 있는 경우가 많다.

책걸상이 정리되면 준비물들을 정리하자. 원칙상 휴대 가능 물품이 아니지만 현실적으로 부정행위의 개연성이 명확히 없는 물품은 책상 안에 몰래 넣어둘 수 있다. 체크리스트에 적어온 대로 책상 위에 꺼내놓을 준비물과 책상 안에 넣어둘 준비물을 정리한다. 정리를 마치면 가까이 있는 화장실과 교직원용 화장실, 점심을 먹을 장소를 미리 찾아보도록 하자. 보통 이렇게 하면 30분 정도 소모된다. 남은 10분 동안에는 명상을 하거나 이뇨작용이 없는 따뜻한 차 한 잔을 해도 좋다. 8시 10분 예비종이 울리기 전에 꼭 해야 할 한 가지, 화장실에 다녀오는 것이다.

보통 8시 10분쯤 감독관이 입실한다. 반입 금지 물품을 제출하라고 하면 가져온 전자기기를 제출하자. 단순 사전 기능뿐인 전자사전도 꼭 제출해야 한다. 반입 금지 물품 수거 후에는 휴대 가능 물품을 제외한 다른 물품은 앞으로, 혹은 뒤로 제출하라고 한다. 이때 외투는 제출하지 말자. 밑단이 좀 끌리더라도 의자 등받이에 걸쳐놓는 게 좋다. 시험 도중 언제 추워질지 모르니까 말이다.

예비령이 울리기 전쯤, 좀 너그러워 보이는 감독관은 화장실에 보내주기도 한다. 미리 화장실을 다녀오지 않았다면, 감독관이 말하지 않더라도 눈치껏 재빨리 손을 들고 화장실에 갔다 오도록 하자. 민망하다고 가만히 있다가 1교시 중간에 화장실을 갔다 오는 사태만은 꼭 피해야 한다.

보통 25분이 되기 전, 감독관이 샤프와 컴퓨터용 사인펜을 나눠준다. 가끔 부러진 사인펜이나 앞부분이 휘어져 있는 샤프가 있으므로 받자마자 상태를 확인해야 한다. 문제가 있으면 미리 교환한다. 25분부터 답안지 배부 시간, 35분이 되면 드디어 기다리고 기다리던 문제지 배부가 시작된다.

35분에 파본 여부를 확인하라고 말하면서 문제지를 나눠주면 정말로 착하게 파본만 확인해서는 안 된다. 시험지 파본을 아주 천천히 확인하면서 동시에 어떤 문제가 출제되어 있는지, 어떤 문학·비문학 지문이 있는지 훑어보고 80분이라는 시간을 어떻게 보낼 것인지 계획해야 한다. 단, 이때 절대로 샤프를 들고 문제를 풀지는 말자. 시험 시작 전 문제를 푸는 것은 부정행위가 된다.

긴장을 많이 하는 수험생들은 이쯤부터 달달달 떨기도 한다. 당연하다. 추우니까. 긴장해서 떨리는 게 아니다. 설사 긴장감일지라도 추위 때문이라고 스스로에게 말하자. 긴장감이 조금 사라질 것이다. 아니면 심호흡을 크게 한번 하고 주변을 둘러보는 것도 좋다. 다른 수험생들도 나와 똑같이 긴장하고 있는 것을 볼 수 있다. 나만 힘들고 긴장하는 게 아니라는 사실을 인지하는 순간 마음이 편안해지면서 피식 웃을 수 있다.

드디어 8시 40분, 수능이 시작된다!

 21 1교시 시작 전 시간에 공부하고 싶을 때

수능 1교시 전 준비 시간에 공부하고 싶다면 오답노트를 훑어보거나 머리를 깨우기 위한 지문 읽기를 하는 것이 좋다. 읽기 지문은 시중에 나와 있는 지문 중에서 수능 시험과 가장 유사하다고 알려진 6 · 9평가원이나 수능 기출 문제를 보는 것이 효과적이다. 실전 수능의 감과 정확히 일치하는 경우가 많다.

쉬는 시간 행동 요령
휴~ 일단은 화장실, 그리고 머릿속에 지우개 하나

쉬는 시간은 20분이다. 20분이면 길 것 같지만 감독관이 28명의 시험지와 OMR카드를 수거하고 수량을 확인하는 데 3~5분 정도 걸리기 때문에 학교에서 보통 쉬는 시간과 비슷하다.

쉬는 시간이 되면 곧바로 화장실부터 가자. 시험 시작 직전에 가는 게 좋을 것 같지만, 오히려 그 반대다. 종이 울리자마자 1등으로 화장실에 가는 것이 가장 좋다. 일단 여학생들의 경우, 늦게 가면 줄을 길게 서야 한다. 시험장에 있는 모든 학생들이 다 화장실로 몰려왔다고 생각하면 딱 맞다.

남학생의 경우, 화장실이 여학생들만큼 붐비지 않는다. 다만, 화장실이 흡연실로 바뀌는 것뿐이다. 화장실은 앞이 보이지 않을 정도로 뿌연 연기로 덮인다. 그냥 당당히 밖에서 피우면 좋으련만 아직 학생이라 눈치는 보이는지 모두들 화장실에서 담배를 피운다. 이런 상황을 피하기 위해서는 1등으로 화장실에 가서 연기로 오염되기 전에 이용하거나, 이미 화장실이 담배 연기로 점령당했다면 조금 눈치가 보이지만 교사용 화장실을 이용하는 방법이 있다. 교사용 화장실을 사용한다고 구박하는 선생님은 안 계시느냐고? 수능 날 제자가 교사용 화장실을 사용한다고 뭐라고 할 만큼 무서운 선생님, 아직은 보지 못했다.

화장실 가서 볼일을 본 후에도 긴장감이 가라앉지 않는다면 세수를 하고 잠깐 거울을 볼 것을 추천한다. 거울을 보면서 씩 한번 웃어보자. 내가 얼마나 사랑스러운가 하고 말이다.

쉬는 시간에 화장실로 직행해야 하는 이유는 또 있다. 교실에 남아 있다가 옆 학생이랑 눈이라도 맞아버리면 "쉬웠어?" 같은 잡담을 하게 되기 때문이다. 수능 시험 당일, 절대로 해선 안 될 것이 시험의 난이도에 대한 생각이다. 시험이 모두 끝나기 전에는 잘 쳤을까 못 쳤을까를 생각하지 말자. 특히 언어 영역은 실제 난이도와 상관없이 1교시 첫 시험이기 때문에 무조건 어렵게 느껴질 수밖에 없다. 이미 지나간 시험에 대한 생각은 아예 머릿속에서 잊도록 하자. 그래도 1교시가 머릿속에서 떠나지 않는다면 단 3분이라도 밖에서 맑은 공기를 마시면서 기분을 전환하자. 그렇게 해야 1교시를 잊고 2교시를 새롭게 시작할 수 있다.

쉬는 시간에 주의할 점이 하나 있다. 간혹 1교시에 신분증과 수험표 검사를 하고 나면 더 이상의 검사가 없는 줄 알고 신분증과 수험표를 가방 안에 넣는 수험생이 있다. 원칙적으로 신분증과 수험표는 매 시간마다 확인하게 되어 있다. 특히 3교시는 신분증이나 수험표 확인을 더욱 철저하게 한다. 감독관의 가장 중요한 임무는 응시생의 본인 확인과 부정행위 감시다. 시험 시간 중에 신분증을 가방에서 꺼내겠다고 했다가 감독관에게 요주의 인물로 찍히는 불상사는 생기지 않도록 하자.

2교시 시작 전에는 특별히 한 번 더 챙겨야 할 준비물이 있다. 2교시 수리영역은 필기구 사용이 많은 시험이다. 지급받은 샤프와 가져간 지우개의 상태, 예비로 가져온 연필과 샤프의 상태를 확인하는 것을 잊지 말자.

싯!
Secret Manual

22 수능 당일 쉬는 시간에 공부할 분량 챙겨가기

평소 쉬는 시간에 공부했던 습관이 있어 수능 당일 쉬는 시간에도 평소처럼 공부하고 싶다면, 공부할 내용을 미리 준비해가야 한다. 평소와 같은 공부 분량을 준비해선 안 되고 딱 5분 동안만 볼 수 있는 분량이어야 한다. 쉬는 시간은 20분이지만, 시험지와 답안지 수거에 5분, 화장실을 가는 데 5분을 쓰면, 남는 시간은 겨우 10분이다. 그러나 딱 10분 동안 공부할 분량을 가져갔다가 준비해간 분량을 다 공부하지 못했을 경우, 마음이 더 불안해질 수 있다. 처음부터 5분만에 다 보고, 잠깐 다음 시험을 위한 준비물을 점검하는 시간을 갖는 것이 더 현명하다.

점심 시간 행동 요령

수능 날의 점심

여럿이 어울려 점심을 먹을 경우, 한 가지 문제가 발생한다. 바로 밥 먹을 장소가 마땅치 않다는 것이다. 자신이 속한 교실에서 먹어도 되고, 날씨가 따뜻할 때는 야외 벤치도 좋지만 날이 추워서 밖에서 먹을 수 없다면 미응시자 대기실을 추천한다. 일단 사람이 없기 때문에 쾌적하고 깨끗하다. 실내에서 점심을 먹으면서도 맑은 공기를 느끼는 방법이 있는데, 그건 바로 난방을 최대로 틀고 동시에 창문을 열어서 환기를 하는 방법이다. 에너지 낭비 아니냐고? 맞다. 하지만 따뜻하면서 시원하다.

점심을 먹을 때는 "배부른 돼지보다 배고픈 소크라테스가 되라"는 말이 수험생을 위한 말임을 잊지 말자. 오전 중에 두뇌를 최대한으로 쓰면서 많은 양의 포도당을 사용했기 때문에 배가 고픈 것은 사실이다. 그렇다고 육체의 요구에 너무 충실해서 포식하면 3교시에 수마와 싸워야 하는 경우가 생긴다. 특히 주의할 것은 도시락을 다 먹고 어머니가 간식으로 싸주신 과일, 후식으로 가져온 사탕과 초콜릿까지도 챙겨 먹는 것이다. 그리고 나서 "시키는 대로 평소보다 도시락을 덜 싸와서 먹었는데도 졸리네요"라고 말한다. 알아서 절제 좀 하자.

점심을 자기 자리가 아니라 다른 곳에서 먹는다면 분실 사고에 유의해야

==한다. 내가 자리를 비운 사이, 반대로 점심을 먹기 위해서 내 자리가 있는 시험실로 오는 수험생이 많기 때문이다.== 특히 시계는 주머니에 꼭 넣어서 가도록 하자. 별생각 없이 손목 시계를 책상 위에 올려놓고 나갔다가는 도난 사고를 겪을 수도 있다. 그중에서도 시험용의 저렴한 시계가 아니라 선물받은 고급 손목 시계일 경우, 도난과 분실의 확률은 더욱 올라가니 주의하도록 하자.

Believe it or not

🚀

점심시간의 호출

점심시간에 방송에서 수험생을 고사 본부로 호출하는 경우가 있다. 이때 당사자들은 내가 혹시 뭔가를 잘못한 것은 아닐까, 누가 나를 부정행위자로 신고한 것은 아닌가 하면서 부정적인 상상에 휩싸이기 쉽다. 너무 당황하지 말자. 고사본부에서 수험생을 호출하는 경우는 보통 이름이 잘못 표시돼 있거나 수험번호, 책형 같은 것이 잘못 표시돼 있어 정정하기 위함이다. 즉 내가 한 실수를 고사본부 측에서 바로잡아주는 것이다. 그러니 점심시간에 본인의 이름이 호명된다면 긴장하지 말고, 행운이라고 생각하도록 하자.

점심을 먹고 시험장에 일찍 돌아왔다면 대범하게 창가 창문을 열어 환기를 하자. 같은 시험장에 장수생이 없는 경우, 현역 수험생들은 서로 눈치를 보느라 환기를 잘하지 않을 때가 많다. 과감히 앞장서서 창문을 열자. 이는 자신을 위해서기도 하지만, 한편으로는 같은 수험장에 있는 모든 학생들을 위해서기도 하다. 그리고 시험 시작 전, 다시 한 번 꼭 책상 위의 상태를 확인해봐야 한다. 다른 교실에서 도시락 원정을 온 학생이 내 책상을 사용한 다음 뒷정리도 하지 않고 갔을 수 있기 때문이다. 상상해보라. 김칫국물 묻은 OMR카드라니, 끔찍하지 않은가!

평소 점심시간에 잠깐씩 잠을 잤던 사람이라면 잠이 오지 않더라도 책상에 엎드려 좀 쉬도록 하자. 그렇지 않으면 외국어영역 시간에 평소처럼 졸릴 수 있다. 외국어영역 시험 중간에 졸릴 때를 대비해서 책상 안에 껌이나 사탕, 찬 물병을 챙겨두는 것도 좋다.

점심시간이 다 끝나도록 껐던 난방기를 다시 켜지 않는다면 영어 듣기 이후에나 난방기를 작동시킬 가능성이 크다. 3교시 내내 추위에 떨지 않으려면, 옷을 하나 챙겨두어야 한다. 또 점심시간이 끝나기 전 화장실에 가는 것도 잊지 말자.

23 여럿이 모여 점심을 먹을 때 지켜야 할 것

혼자서 조용히 고독을 곱씹으면서 점심을 먹는 때는 상관없지만, 여럿이 모여 먹을 때는 최대의 금기 사항이 하나 있다. "절대로 절대로 오전 시험에 대한 이야기는 하지 말자." 정말로 쿨한 성격이 아니라면 시험의 난이도에 대한 이야기는 결코 하지 말자. 친구들과 점심시간에 시험에 대해 얘기하고, 그 친구들과 비교해 오전 시험을 망쳤다고 혼자 의기소침해져서 패배적인 태도로 오후 시험에 임하게 될 수도 있다. 난이도에 대한 이야기는 물론이고 2교시 수리영역의 문제, 특히 "야, 그 문제 ①번이냐, ③번이냐?" 같은 대화는 나누지 말자. 그런 문제는 그냥 틀렸다고 생각하면 된다. 어차피 수리영역 만점은 못 받으니, 틀리는 문제가 있는 것은 당연하다. 또 "아, 그 문제가…" 하면서 시작되는 기억의 문제라면 당연히 틀렸다고 생각하자.

괜히 틀렸을 문제를 확인하면서 서로의 가슴에 상처 내는 일은 하지 말아야 한다. 가장 무서운 사태는 같이 밥 먹는 애들은 다 맞혔는데 나만 틀렸을 때다. 얼마나 마음의 상처가 크겠는가. 수능 당일의 점심시간은 수험생의 인생에서 가장 진지하고 소중한 점심시간이다. 그런 점심시간을 이미 지나간 시험에 대해서 말하는 것으로 보내는 것은 앞으로 남은 시험에 대한 예의가 아니다. 그러면 도대체 점심시간에 도시락을 먹으면서 무슨 이야기를 하면 좋을까? 딱히 정해진 것은 없다. 앞으로 볼 외국어와 사탐에 대해서 논해도 좋고, 그냥 평소 같은 이야기를 해도 좋다. 정말 할 말이 없다면 듣기를 대비해서 영어로 농담이라도 해보자.

24 점심시간에 할 수 있는 공부의 조건

점심을 먹고 나서 남는 시간에 공부하고 싶다면 영어 스크립트를 읽는 것을 추천한다. 직접 듣기를 하면서 귀를 영어에 익숙하게 만들 수 있으면 좋지만, 모든 전자기기의 반입이 금지되어 있는 마당에 엄두도 내지 못한다. 아쉬운 대로 작게 소리 내서 영어 스크립트를 읽는 것으로 대신해보자. 혹 영어에 대한 감을 살리고 싶다면 6 · 9교과평 수능 기출문제나 짧은 영어 칼럼 정도가 괜찮다.

SCHEDULE
04

4교시 행동 요령
마지막까지 주의해야 할 것

마지막 사회/과학/직업 탐구영역은 94분으로 세 과목을 치른다. 사탐·과 탐영역은 모의고사와 수능 시험의 차이가 가장 작은 영역이다. 또한 제2외국 어영역을 제외하면 마지막 시험이기 때문에 수험생들의 긴장감이 덜하기 때문이다.

4교시 탐구영역에서 가장 주의할 점은 바로 탐구 과목 응시 순서다. 매년 수능 시험 때마다 4교시의 과목별 응시 순서를 지켜야 한다고 강조하지만, 2011년 수능 시험 때도 37명의 수험생이 4교시 응시 순서 위반으로 적발돼 수능 성적이 무효화된 바 있다. 감독관에게 적발되었지만 구두 경고만 받고 고사본부에 신고되지 않은 수험생들도 있을 것이라는 사실을 감안하면, 4교 시 응시 순서 위반 수험생의 수는 더 많을 것이다. 왜 그렇게 많은 수험생들 이 응시 순서를 위반하는 것일까?

첫 번째 이유는 단순하다. 몰라서 그런다. 교육과정평가원과 교육청에서 아무리 홍보를 많이 해도 4교시에 정해진 응시 순서가 있다는 사실을 모르는 수험생들이 있다. 이런 수험생들을 위해 교육과정평가원과 교육청은 수능 당일도 책상 왼쪽 상단에 스티커를 붙여주고, 수험생이 응시해야 할 과목들 의 순서를 알려준다.

책상 부착용 스티커 예시

수험번호 12121212(짝수형)
성 명 홍 길 동
4 교 시 과학탐구
　　　　　제1 선택 　물리 I
　　　　　제2 선택 　화학 I
　　　　　제3 선택 　생물 I

붙여진 스티커의 순서대로 제1선택에는 〈물리I〉, 제2선택에는 〈화학I〉, 제3선택에는 〈생물I〉을 응시해야 한다. 이과 수험생은 '물·화·생·지'라는 익숙한 순서가 있기 때문에 문제가 생기지 않는다. 하지만 11개나 되는 사탐영역은 까딱했다가는 틀리기 쉽다. 사탐영역은 수험표 오른쪽이나 책상에 붙여진 스티커에 적혀진 선택 과목의 순서에 따라 응시하면 된다.

<mark>응시 순서를 틀리는 실수를 방지하기 위해서는 감독관이 시험지와 문제지 보관용 봉투를 함께 나눠주고 과목별로 정리하는 시간을 줄 때, 과목 순서대로 딱 정리해 봉투에 넣어서 그냥 하나씩 꺼내 시험만 칠 수 있도록 준비해두도록 하자.</mark> 실수로 선택 과목의 순서를 잘못 푸는 대부분의 이유는 하나다. 미리 시험지를 순서대로 정리하라고 주는 시간에 하라는 정리는 안 하고, 한 문제라도 눈으로 더 풀어보겠다고 딴짓하다 엉뚱한 순서로 정리해 봉투에 시험지를 넣어서 실수하는 것이다. 한 문제를 잡기 위해 수능 전체를 날려버리는 바보 같은 짓은 하지 말자.

평소 학교에서 모의고사를 칠 때의 습관으로 수능 때도 앞 시간에 못 푼 문제를 다음 시간에 몰래 풀면 안 될까 하고 생각하는 학생들이 있다. '한 시

험장에 수험생이 28명이나 되는데 설마 감독관이 알겠어?' 하고 생각하는 것이다. 그러나! 감독관은 28명의 수험생을 다 지켜본다. 4교시 감독관은 세 명이나 들어오기 때문이다. 이런 질문을 하는 학생도 있다. "앞 시간의 문제를 수험표 뒷면에 써놓았다가 다음 시간에 풀면 안 될까요?" 그 문제들을 베끼는 시간에 그냥 푸는 게 낫다. 왜 사서 고생하는가.

그나마 안 걸릴 만한 방법을 하나 추천한다. 시간이 부족한 과목은 일단 예비 마킹만 하고 컴퓨터용 사인펜 마킹은 하지 않는 것이다. 그리고 다음 여유 있는 과목 시간에 앞 시간의 마킹을 하는 정도가 안전한 방법이라 할 수 있다.

선택 과목을 하나만 치는 응시생들은 간혹 4교시에 응시 과목만 치르고 나면 시험이 끝날 것이라고 생각하는데 그렇지 않다.

사회/과학/직업 탐구	14 : 50~16 : 24 (94분)	문항수	
시험 : 3과목 선택자	14 : 50~15 : 20 (30분)	20	• 선택 과목 응시 순서는 응시 원서에 명기된 탐구영역별 과목의 순서에 따라야 함.
시험 본 과목 문제지 회수	15 : 20~15 : 22 (2분)		
시험 : 2~3과목 선택자	15 : 22~15 : 52 (30분)	20	
시험 본 과목 문제지 회수	15 : 52~15 : 54 (2분)		• 문제지 회수 시간은 과목당 2분임.
시험 : 1~3과목 선택자	15 : 54~16 : 24 (30분)	20	

위의 표와 같이, 앞의 64분이 지난 마지막 시간에 자신의 응시 과목을 치르게 된다. 즉 64분이 자습할 수 있는 시간으로 주어진다. 4교시 선택 과목을 1~2개 응시했다면 자신의 선택 과목 응시 전에 주어지는 30분 혹은 60분 동안에 무엇을 공부할지 미리 생각하고 준비해가야 한다.

D-0
MUST DO IT SCHEDULER

D-1

수험표 수령하기 ☑

시험장 가는 길 확인하기 ☑

휴대전화 꺼두기 ☑

준비물 최종 점검하기 ☑

점심 먹을 친구들에게 연락하기 ☑

무조건 일찍 잠들기 ☑

D-0

1교시 시작 전 행동 요령

1. 책걸상 정리하기 ☐
2. 준비물 정리하기 ☐
3. 지급받은 샤프 확인하기 ☐
4. 시험지 파본 확인할 때 문제도 훑어보기 ☐
5. 심호흡하기 ☐

쉬는 시간 행동 요령

1. 화장실부터 가기 ☐
2. 신분증 · 수험표 확인하기 ☐
3. 수리영역에 쓸 필기구 준비해놓기 ☐

점심시간 행동 요령

1. 너무 많이 먹지 말기 ☐
2. 분실 사고 조심하기 ☐
3. 창문 열고 환기하기 ☐
4. 걸쳐 입을 옷 챙기기 ☐

4교시 행동 요령

1. 과목별 응시 순서 지키기 ☐

D+1

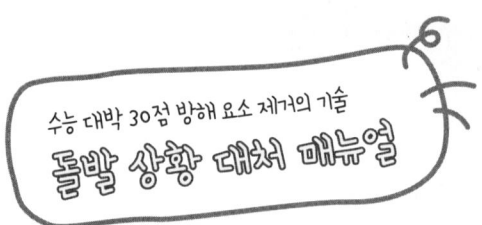

수능 대박 30점 방해 요소 제거의 기술
돌발 상황 대처 매뉴얼

◎☞ 수험표나 신분증을 잃어버렸을 때

시험 당일 수험표를 잃어버릴까봐 걱정하는 수험생들이 있다. 물론 수험표와 신분증을 잃어버리면 심리적

타격이 크다. 본인 확인이라는 행정 절차가 부담되고, 시험 시작 전부터 실수했다는 생각에 자괴감도 생긴

다. 인터넷에서는 주민등록증이 없으면 수능을 못 친다는 협박성 루머도 떠돈다. 극단적으로 말하자면 둘

다 없어도 된다.

교육과정평가원 수능 주요 사례집

상황⑥ 수험표를 분실한 수험생이 시험관리본부에 신고한 경우

- 응시 원서에 붙인 사진과 동일한 원판 사진 1매 및 본인임을 확인할 수 있는 신분증을
  소지하고 시험관리본부에 시험 당일 8:00까지 방문하도록 지도한 후 수험표를 재발급
  하여 시험에 응시하도록 조치

  ※ 반드시 사진이 들어간 신분증이어야 함

- 수험생이 시험장에 도착한 후 수험표가 분실된 것을 안 경우에는 우선 사진이 없는 임
  시 수험표를 발급하여 시험에 응시하도록 한 다음,

  - 졸업 예정자 또는 졸업자의 경우 학교 등에 연락하여 사진이 부착된 관련 자료(생활
    기록부 등)를 팩스로 요청하여 확인 조치

  - 검정고시 합격생 및 기타 학력 소지자의 경우 추후에라도 신원을 확인할 수 있는 조
    치를 취하도록 함

※ 신분증을 분실하거나 미소지한 경우도 동일하게 처리

《수능 주요 사례집》에 따르면 증명사진이 없더라도 우선은 임시 수험표를 발급해주도록 되어 있다. 시험장

에 도착해서 수험표나 신분증을 분실한 것을 발견했다면 주저하지 말고 고사본부로 찾아가자. 증명사진이

없어도 임시 수험표 및 신분증 미지참자 서약서를 작성하고 시험을 응시할 수 있게 해준다. 시험 중에 신분

증과 수험표를 분실했을 때도 마찬가지다. 시험을 치르는 중 신분증과 수험표의 분실은 도난 사건에 의해 발생하기도 한다. 지갑 속 현금을 노리는 도난 사고가 수능 당일에도 일어나는 것이다. 이때 지갑 속에 들어 있던 신분증까지 함께 도난당하는 경우가 생긴다. 그때도 당황하지 말고 고사본부를 찾아가도록 하자. 가장 피해야 할 사태는 신분증을 분실했음에도 계속 시험을 치다가 시험 시간 중에 감독관의 본인 확인 요구에 응하면서 시간을 엉뚱하게 많이 빼앗기는 것이다. 감독관은 감독관으로서 당연한 일을 하는 것이다. 감독관은 대리 시험 방지를 위해 수험표, 신분증, 실제 본인임을 증명할 수 있는 사진 이렇게 세 가지를 동시에 확인해야 한다. 그중 하나가 없거나 이상하면 시간이 더 걸리는 게 당연하다.

◎2 시험장에 지각했을 때

수능 당일에 지각을 하는 바보가 어디 있을까 싶지만 생각보다 많은 수험생들이 지각을 한다. 집에서 어머니께서 깨워주는 수험생에게는 거의 일어나지 않는 사건이지만, 혼자 생활하는 재수생들은 알람 시계에만 의지해서 일어나야 하기 때문에 늦잠을 자는 일이 종종 생긴다. 수능 당일 혼자서 일어나야 하는 수험생이라면 스스로 늦잠을 자지 않도록 주의해야 한다. 그리고 늦게 일어났더라도 포기하지 말고 지정받은 시험장으로 달려가야 한다.

> **교육과정평가원 수능 주요 사례집**
>
> **상황1** 8:10 이후에 도착한 수험생이 발생하는 경우
> - 답안지 배부 시간인 8:25까지는 원칙적으로 입실 조치 : 예비령
> - 문제지 배부 시간인 8:35까지는 시험장 책임자가 입실 여부 결정 : 준비령
> - 제1교시 시작 시간인 8:40 이후는 입실 불가 : 본령

수험생이 실수로 다른 시험장으로 간 경우

- 수험생이 배정된 시험장으로 안내하는 것이 원칙이나, 시간 관계상 불가능한 경우 수험생이 등교한 시험장에 별도 시험실을 마련하여 시험을 치를 수 있도록 조치
- 시험을 보고 있는 시험장 책임자는 수험생이 원래 시험을 봐야 했던 시험장과 시험지구 상황실에 해당 사실을 알리고 원래 시험을 봐야 했던 시험장으로부터 응시 원서를 팩스로 받아 수험생 본인 확인 등 실시
- 실제 시험을 본 시험장 책임자는 당해 수험생의 답안지를 특별히 관리하여 시험지구로 전달

또 교육과정평가원은 수험생이 실수로 다른 시험장으로 갔을 때 그 시험장에서 시험을 칠 수 있도록 처리해주기도 한다. 도저히 시간 내 지정받은 시험장으로 갈 수 없을 때는 철면피를 하고 집 부근 다른 가까운 시험장으로 가기 위해 최선을 다해보자. 그리고 실수인 척하면서 조치를 받는 것이다. 지각이 아니라 진짜 실수로 시험장을 잘못 찾아갔을 때도 당황하지 말자. 다 살 방법이 있다.

◎3 시계를 깜박하고 가져오지 않았을 때

시계를 놓고 왔다면 재빨리 정문으로 뛰어가서 아주머니들이 파는 원가 3,000원의 판매가 20,000원짜리 시계라도 사야 한다. 아니면 빨리 교무실로 뛰어가 전화기를 빌려 시험장까지 마중 와주신 부모님께 시계를 가져다달라고 부탁드리자. 시험 당사자가 아닌 외부인의 시험장 출입은 금지되어 있지만, 정문에서 수험생의 정확한 수험번호를 제시하면서 준비물을 전해달라고 부탁하면 물건을 대신 전달해주거나 수험장 안으로 입장을 허가해준다.

⑭ 가져온 시계를 분실했을 때 시계를 구하는 방법

시계가 분실된 것을 알았다면 방법은 하나다. 당당하게 시계를 빌리러 가는 것이다. 자, 시계를 빌리러 교무실에 갔다고 가정해보자. 실제로 감독관 분들에게 시계를 빌려달라고 해서 한 번에 시계를 빌리기는 쉽지 않다. 감독관 본인의 업무를 위해서도 시계가 필요하기 때문이다.

몇 명이 됐건 될 때까지 물어보는 거다. 너무 부끄럽다고? 시계 없이 시험 칠 경우 시간 관리는 누가 한단 말인가? 시험을 망치고 나서 괜히 혼자서 한강을 가네 마네 하지 말고, 얼굴에 철판 딱 깔고 빌어서라도 하나 빌리는 것이 좋다. 그래도 시계를 확보하지 못했다면 급한 대로 원래 교실에 있었을 벽시계 찾기를 시도해보자. 복도에 어지럽게 널려 있는 책상이나 사물함 속을 잘 뒤져보면 원래는 교실 어딘가에 걸려 있었을 벽시계가 있을 수 있다. 벽시계는 휴대 가능 물품이 아니지 않느냐고? 물론 시험실에 반입하면 안 되는 물건이다. 하지만 쉬는 시간이 지난 다음 몰래 교실 앞뒤에 가져다두면 감독관도 모르게 지나치는 경우가 많다. 아무 대비도 못하고 시험을 치르는 최악의 상황이라면 감독관에게 30분 전과 10분 전, 5분 전에 이야기를 해달라고 부탁할 수도 있다. 시계의 분실을 방지하기 위해서는 시계를 항상 몸에 갖고 다니도록 하고, 도난 혹은 분실의 대상이 될 수 있는 고급 시계는 휴대하지 않는 것이 바람직하다.

⑮ 도시락을 안 가져왔거나 문제가 생겼을 때

수능 당일 아침, 시험장에 도착해서 도시락을 빼놓고 온 것을 알았다면, 시험장에 입실하자마자 고사본부로 가서 전화를 빌려 부모님께 도시락을 가져다달라고 하면 간단히 해결된다. 가장 골치 아픈 사건은 점심 시간이 되어서야 도시락이 없거나 빈 도시락을 싸왔다는 사실을 발견하는 것이다. 이런 수험생들을 위해서 서울시교육청은 시험장의 매점 운영을 권고하고 있다.「하지만 교내에 매점도 없고, 현금조차 없다면 어떻게 해야 할까? 별다른 방법이 없다. 최대한 불쌍한 표정을 하고 고사본부를 찾아가보자. 마음씨가 넉넉한 감독관 분들께서 불쌍한 수험생을 최소한 굶기지는 않을 것이다. 참고로, 대부분의 시험장에서 감독관 분들의 점심 메뉴는 김밥이라고 한다.

⑥ 시험 종료 5분 전 마킹 실수를 발견했을 때

남은 시험 시간은 5분, 마지막으로 못 푼 두 문제를 남겨두고 마킹을 하다가 뭔가 틀렸다는 사실을 발견했다면 어떻게 해야 할까? 가장 흔히 발생하는 마킹 실수는 밀려 쓰기와 당겨 쓰기다. 5분이라는 시간 동안 효율적으로 밀려 쓰기와 당겨 쓰기의 실수 지점을 확인하는 방법을 알아두자.

평소에 마킹 연습을 꾸준히 해왔다면 5분은 50문제를 확인하고 다시 마킹하기에 넘쳐나는 시간이다. 자, 그러니 5분 혹은 3분 남은 시점에서 마킹 실수를 발견했다면 먼저 심호흡부터 하자. 대부분의 수험생들은 종료 시간이 임박해 자신이 실수한 사실을 깨달으면 당황한다. 그리고 어디서 틀렸는지 찾기 위해 1번부터 확인하기 시작한다. 자연스러운 행동이다. 항상 습관처럼 1번 문제부터 마킹해왔으니까. 그러나 이는 효율적이지 못하다. 생각해보자. 보통 한 문제를 밀려 쓰거나 당겨 쓰는 마킹 실수가 가장 많이 생기는데 주로 언제 실수할까? 상식적으로 시간적 여유가 많은 앞부분을 마킹하면서 틀릴까? 아니면 전체적으로 종료 시간에 쫓기면서 급하게 마킹하는 뒷부분에서 실수가 많을까? 당연히 뒷부분에서 실수하는 경우가 압도적으로 많다. 그렇기 때문에 틀린 부분을 찾기 위해서는 뒷부분에서부터 찾아야 한다. 단순히 뒤에서부터 확인하기보다 10문제, 15문제 단위로 확인해나가는 것이 효과적이다. 뒤에서부터 40번, 30번, 20번, 10번, 1번 이렇게 내가 어디에서 틀렸는지 차분하게 확인하도록 하자.

ⓄⓎ 마킹 실수 부분을 찾은 후, 재마킹을 하는 방법

마킹이 몇 번대에서 틀렸는지 찾은 이후에 할 일은 간단하다. 갖고 있는 수정테이프로 틀린 부분을 지우고 다시 마킹하는 것이다. 물론 답안지를 새로 받아서 마킹하는 방법도 있다. 하지만 이 방법보다는 수정테이프로 지운 다음에 마킹하는 방법이 더 효율적이다. 50문제 중 마킹 실수가 일어나 수정해야 할 문제 수는 많아야 15문제, 보통은 7~8문제다. 15문제가 최대치인데, 마킹을 처음부터 50문제를 다 한다는 것은 시간 낭비다. 보기에는 수정테이프가 덕지덕지해서 좀 흉하더라도 차라리 그러는 편이 낫다. 이 방법이 전면적인 답안지 재작성에 비해서 좋은 점은, 설사 시간 내에 다 고치지 못하더라도 대충 40문제 정도는 건질 수 있다는 점이다.

Ⓞ⑧ OMR카드를 재작성해야 할 때

OMR카드에 코피를 쏟거나 침을 흘리거나 혹은 펜으로 죽 긋거나 하는 바람에 불가피하게 촉박한 시간에 OMR카드를 재작성해야 하는 경우가 있다. 그럴 때는 어떻게 해야 할까?

교육과정평가원 수능업무처리지침

- OMR카드의 교체 요구자가 있을 경우 여분에서 교체하여 주고, 그래도 부족 시에는 복도 감독관을 통하여 옆 시험실 또는 시험관리본부 여분을 구해 가능한 한 교체하여 주도록 함(답란 수정을 위한 OMR카드 교체 요구 시 답란 자체 수정이 허용됨을 알림)

※ 교체 OMR카드는 반드시 수험생이 보는 앞에서 크게 'X' 표시를 한 다음 여분 OMR카드 봉투에 넣음

수능 시험에서 OMR카드 교체는 일반 모의고사에서 하는 OMR카드 교체와 다르게 교체한 OMR카드도 제출하게 되어 있다. 감독관은 수험생이 OMR카드 교체를 요청하면 먼저 수정테이프로 답안지 수정이 가능함을 알려준 다음에 그 이후에도 교체를 요구하면 OMR카드를 교체해준다. 이때 주의점이 하나 있다. OMR카드를 교체하는 경우, 이전 OMR카드를 미리 제출하지 말고 "감독관님, 예전 OMR카드 좀 보고 옮겨 적을게요. 좀 있다 제출하면 안 될까요?"라고 말해보자. 이는 혹시라도 새로운 OMR카드를 시간 내에 다 작성하지 못할 경우를 대비해서다. 그리고 OMR카드를 교체해서 작성하는 경우, 원칙은 이름과 수험번호부터 써나가는 것이지만 정말로 시간이 급하다면 일단 문제부터 마킹해나가야 한다.

⑩⑨ 수험번호와 이름 마킹이 틀렸을 때

감독관이 검사를 하기 때문에 일어날 가능성이 가장 낮은 사건이다. 수험번호와 이름을 잘못 표기한 경우, 점심시간이나 시험이 끝난 후에 고사본부가 호출해서 수험생이 고칠 수 있는 기회를 준다. 수험생의 OMR 카드 판독 시 일련번호로 되어 있는 수험번호에서 비는 번호가 있거나, 중복된 번호가 판독될 경우 오류가 나기 때문에 교육과정평가원은 확인 절차를 거쳐 오류를 바로잡아준다. 그래도 불안하다면 쉬는 시간 고사본부로 찾아가 감독관에게 확인 요청을 하고, 정말 잘못됐으면 그 자리에서 수정하도록 하자.

⑩ 시험 시간 중 화장실에 가고 싶을 때

수능 시험 중간에 화장실을 가고 싶다면 어떻게 해야 할까? 간단하다. 손을 들고 있으면 나머지는 감독관님께서 알아서 해주신다. 하지만 간단해 보이는 이 일이 시험장에서는 그 절차가 매우 복잡하고 까다롭다.

먼저 시험 시간 중 화장실에 가는 과정을 알아보자.

먼저 알아야 할 것이 있다. 수능 감독관은 수능 시험 당일 하루 감독을 나온 평범한 선생님이라는 것이다. 이 평범한 선생님들이 1년에 한 번, 수능 전날 2시간 교육을 받고 감독 업무를 하는 것이다. 그렇기 때문에 수험생이 "화장실 가고 싶어요"라고 말하면, 이런 상황이 익숙지 못한 감독관은 일단 수험생의 손을 잡고 복도로 나가기 쉽다. 복도에 나가서는 "아차! 복도 감독관님을 불러야 하는구나" 하면서 그때부터 금속탐지기를 휴대하고 있는 복도 감독관을 찾는다. 이런 상황이 생기지 않도록 하려면 그냥 손들고 화장실 가고 싶다고 할 것이 아니라 먼저 "복도 감독관님 좀 불러주세요. 화장실에 가고 싶습니다"라고 말해야 한다. 그러면 대부분의 감독관은 그제야 전날 들은 감독관의 주의사항을 떠올리며 복도로 나가서 금속탐지기를 소지한 복도 감독관을 불러준다. 그러고 나서 수험생을 불러내 화장실을 가게 해준다. 가끔 마음씨 좋으신 감독관이라면 직접 몰래 같이 가주시기도 한다.

제2 감독관과 같이 나가서 복도 감독관을 찾는 것과, 감독관이 먼저 복도 감독관을 불러온 다음 화장실에 가는 것은 몇 분 정도 차이가 날까? 시간은 거의 차이가 없지만 변수가 있다. 운영 지침에 맞춰서 5시험실당 1명의 복도 감독관이 대기하고 있다면 당연히 복도에 나가서 손만 들어도 복도 감독관이 용무가 있는 수험생을 위해서 와주실 것이다. 하지만 그렇지 않을 경우도 있다. 복도 감독관이 멀리 있거나 혹은 담당하는 복도 감독관이 수험생과 이성이라서 동성의 감독관을 찾기 위해서 시간이 지체될 수도 있다. 물론 "복도 감독관님 좀 불러주세요"라고 한마디 한다고 해서 세상의 모든 감독관들이 다 복도 감독관을 부른 다음 수험생을 불러내 화장실을 가주리라는 보장은 없다. 하지만 말 한마디로 2분 정도를 아낄 수 있는 가능성이 있다면 그렇게 해야 하는 것이 아닐까?

⑪ 감독관이 화장실에 보내주지 않을 때

교육과정평가원 수능 주요 사례집

사례9 시험 감독관이 시험 시간 도중 화장실 사용을 못하게 함

언어영역 시험 도중 긴장을 하고 아침에 커피를 마시는 바람에 소변이 무척 급했습니다. 시험 종료까지는 아직 40여 분 남았으나 시험 시간이라도 당연히 보내준다는 것을 알고 있어서 감독 선생님께 말씀드렸습니다. 감독 선생님은 끝나는 종이 울린 다음에 가라고 하셨습니다. 처음에는 그러려니 했는데 시간이 지날수록 급해서 재차 요구했으나 역시 거절당했습니다. 이후의 시험은 집중이 안 돼서 거의 다 틀렸습니다. 언어영역 시험이 끝난 다음, 다른 시험실 수험생들에게 물어봤더니 화장실을 사용했다고 합니다. 정말 억울합니다. 감독관이 감독 요령을 몰라 피해를 봤습니다.

이런 상황에 대한 명확한 해법은 없다. 시험장 내의 감독관에게 재차 요구했는데도 들어주지 않는다면 솔직히 수험생이 할 수 있는 일은 거의 없다. 위와 같은 상황에 처한다면 할 수 있는 건 단 하나다. 정말로 솔직하게 감독관에게 부탁해보는 것이다. "감독관님, 화장실이 정말로 급합니다. 규정에 따르면 화장실에 갈 수 있는 것으로 아는데 잠시 갔다 오면 안 될까요?"라고 말이다. 그렇게 말하고도 감독관이 안 된다고 말한다면 괜히 실랑이하지 말고 참는 게 낫다. 하지만 정말로 참을 수 없다면 어떻게 대응해야 할까?

간단하다. 앞에서 말했던 것처럼 복도 감독관을 불러달라고 하면 된다. 손을 들고 화장실이 가고 싶은 것이 아니라 "복도 감독관을 불러주십시오. 시험 진행에 대해서 건의사항이 있습니다"라고 말하는 것이다. 그러

면 대부분의 감독관은 수험생의 말을 무시하지 못하고 복도 감독관을 불러주신다. 그리고 이후 감독관께 화장실에 가고 싶다고 말하면 된다.

12 시험 시간 중 화장실에 갔는데 휴지가 없을 때

화장실과 관련해 가장 많이 일어나는 사건 중 하나다. 평상시에도 화장실에 휴지가 없는 건 큰 사건이다. 하물며 수능 시험 중에는 어떠하랴. 시험 시간 중 화장실에 가야 한다면 꼭 휴지를 가지고 가도록 하자. 혹 친절한 복도 감독관을 만나면, 복도 감독관이 휴지를 갖고 있을 수도 있지만 그렇지 못할 경우가 더 많다. 그러니 아침에 책상 안에 꼭 휴대용 화장지를 넣어두어야 한다. 물론 원칙적으로는 책상 안에 휴대 가능 물품 이외 다른 물품을 두는 것은 명백한 부정행위다. 그렇지만 책상 안의 휴대용 화장지 때문에 부정행위로 잡힌 사례는 수능 역사상 없으니 걱정하지 말고 하나쯤 준비해두도록 하자. 혹 벌써 화장실에 도착해서 한창 볼일을 보고 있는데 휴지가 없는 것을 발견했다면? 솔직하게 동행하신 복도 감독관님께 말씀을 드려보자. 휴지가 없다고 말이다. 수험생을 혼자 두는 것은 규정 위반이지만 직접 휴지를 가져다주거나 소지하고 있는 무전기로 휴지를 가져와달라고 다른 감독관에게 부탁이라도 해줄 것이다.

13 감독관이 문제 푸는 과정을 지켜볼 때

감독관 중에는 자기 담당 과목에 대한 애착과 제자에 대한 사랑이 강하셔서 수능 시험의 출제 경향이나 자신의 사랑스런 제자들이 시험을 잘 치고 있는지 궁금해하는 분들이 있다. 이런 분들이 특별히 문제되는 행동을 하시는 건 아니다. 다만 그냥 수험생의 옆에서 수험생이 문제 푸는 것을 가만히 지켜본다는 것이다.

대부분은 1~2분 정도 서 있다가 그냥 지나가지만 가끔 수험생과 함께 수능 문제를 푸는 감독관이 있다. 이럴 때는 어떻게 해야 할까?

이 또한 간단하다. 손을 들고 말하기만 하면 된다. "감독관님, 제가 예민한 성격이라서 옆에서 보고 계시면 너무 긴장됩니다." 보통 수험생의 옆에서 같이 문제를 보는 감독관은 정말로 악의 없이 순수한 관심에서 그렇게 한 것이다. 그렇기 때문에 간단히 손을 들고 말씀만 드리면 대부분의 상황은 해결된다. 제발 부담 갖지 말고 손을 들고 당당하게 요구하도록 하자.

14 감독관의 행동이 거슬릴 때

교육과정평가원 수능 주요 사례집

사례6 수험생 본인 여부 확인 과정에서 감독관 질의에 대한 심적 부담을 호소하는 수험생이 있는 경우

- 수험생 본인 여부를 확인하고자 과도한 질의를 할 경우 수험생이 심적 부담을 호소할 수 있으므로 시험 감독관의 상황에 따른 적절한 판단에 의해 처리하는 것이 바람직함
- 추가 확인이 필요한 경우 해당 응시자가 지원한 모든 영역/과목의 시험 종료 후 감독 관이 별도의 장소로 안내한 뒤 본인 여부를 확인

간혹 감독관의 철저한 신분 확인과 과도한 질의 때문에 수험생이 심적 부담을 느껴 항의하는 경우도 그동안 상당히 있었다. 시험 시간 중에 어떠한 행동이든지 과도하게 신경에 거슬리는 부분이 있다면 당당하게 양해를 부탁드리자. 감독관들이 수험생들의 신경을 거슬리게 하는 경우에는 감독관의 구두 소리, 잡담 같은 과도한 소음 유발이 많다. 그럼 감독관의 화장품 및 담배 냄새는 없느냐고? 과거 수능 초기에 너무나도

많은 건의가 들어왔기 때문에 그에 대한 사건은 잘 일어나지 않는다.

15 감독관이 휴대 가능 물품을 금지할 때

감독관이 휴대가 허용되는 연필, 지우개, 수정테이프 등의 사용을 금지할 때는 어떻게 해야 할까? 감독관
이 업무 요령을 미숙지, 특히 그것도 뭔가를 잘못 알고 계실 때는 논리적으로 말씀드려야 한다. 그냥 "감독
관님, 제가 알기로는 연필은 사용 가능한 걸로 아는데요"라고 말하는 것으로는 부족하다. 손을 들고 칠판
앞쪽에 붙어 있는 '시험실 반입 금지 및 휴대 가능 물품 안내'를 가리키면서 "감독관님, 칠판 앞면에 붙어
있는 자료를 살펴보시면 정확하게 연필은 휴대 가능 물품이라고 나와 있습니다"라고 말해야 근거가 명확
한 주장이 된다. 이렇게 말하면 대부분은 "어, 정말 그러네" 하면서 그제야 소지하고 있는 감독관 업무 안
내 책자를 괜히 한번 펴보면서 허용해준다. 그래도 감독관이 휴대 가능 물품의 사용을 금한다면 그때는 복
도 감독관을 불러달라고 해서 고사본부에 문의를 해보는 것이 맞다.

16 감독관이 샤프로 하는 예비 마킹을 금지할 때

휴대 가능 물품에 들어 있지 않은 빨간 사인펜으로 예비 마킹하는 것은 엄연히 부정행위다. 그러나 시험장
에서 지급하는 샤프로 예비 마킹하는 것은 부정행위에 속하지 않는다.

교육과정평가원 수능업무처리지침

• 답안지는 컴퓨터용 사인펜만을 사용하여 작성하여야 하며, 그 외의 펜을 사용하는 경
우 수험생이 불이익을 받을 수 있음(컴퓨터용 사인펜은 시험 감독관이 지급함)

교육과정평가원 규정에 명시되어 있지만 컴퓨터용 사인펜을 제외한 그 어떤 필기구도 허용하지 않는 감독관이 있을 수 있다. 이런 감독관에게 대응하는 가장 좋은 방법은 그냥 감독관들이 시키시는 대로 하는 것이다. 사소한 규정 싸움으로 시험 문제에 집중해야 하는 시간을 빼앗기는 것은 어리석은 일이다. 하지만 가끔 종료 시간이 임박한 시점에서 수험생이 샤프로 예비 마킹하는 것을 감독관이 발견하고 OMR카드를 다시 작성하라며 교체를 강요하는 상황이 생길 수 있다. 감독관 교육 시간에 꾸벅꾸벅 졸았던 감독관일 가능성이 크다. 졸면서 교육 받았기 때문에 빨간 플러스펜을 이용한 예비 마킹과 샤프를 이용한 예비 마킹을 헷갈리는 것이다. 이때는 강하게 주장해야 한다. 그 자리에서 강하게 주장하지 못하고 촉박한 시간 때문에 감독관이 시키는 대로 했다가 집중력이 흐트러졌다는 수험생의 주장에 대해 교육과정평가원은 다음과 같이 답변해준 적이 있다.

교육과정평가원 답변

시험 보시느라 고생 많이 하셨습니다. 시험 시간에 다소 불미스러운 일이 있었던 것으로 보이는데 이미 상황은 종료되었습니다. 따라서 귀하가 가지고 계신 불쾌한 심정은 뒤로 하시고 앞으로 행해야 할 일에 대해 차분히 생각해보시는 것이 어떠하신지요? 저희 평가원에서도 감독관 교육에 한층 더 심혈을 기울여 향후에는 이러한 상황이 발생하지 않도록 노력하겠습니다.

요점이 뭔지 알겠는가? 지나가면 끝이라는 것이다.

샤프로 예비 마킹을 하고 있는 것을 발견한 감독관이 OMR카드 판독기로 인식이 잘 안 될 수 있다는 단순한 주의 수준이 아니라, 시간이 뻔히 촉박한데도 OMR카드의 교체를 강요할 때는 강하게 말하자. "예비 마킹으로 인한 불이익은 제가 모두 감수하겠습니다. 시험에 방해하지는 말아주십시오. 계속 마킹을 강요하시면 고사본부에 신고하겠습니다"라고 말이다.

감독관의 실수들은 대부분 정확한 감독 규정을 모르기 때문에 생긴다. 수능 시험 전날 2시간, 당일 아침 30분 교육으로 수능 당일의 모든 규정을 익힌다는 것은 어렵다. 감독관의 사정도 넓은 마음으로 이해하자.

그러나 수능 성적과 직결될 수도 있는 상황에서의 OMR카드 교체와 재작성 강요가 있다면 당장 그 자리에서 복도 감독관을 불러달라고 하자. 수능 시험은 내가 보는 것이며, 감독관이 어찌했든 성적의 결과는 오로지 수험생 본인의 몫이기 때문이다.

17 감독관이 수능 시계를 압수했을 때

디지털 기능이 없는 단순한 시계임에도 일반 디지털 시계와 유사하게 생겼다는 이유로 감독관이 시계를 압수하면서 검사한 이후에 돌려주겠다고 하는 경우가 있다. 감독관 입장에서는 수험생이 디지털 기능이 없는 시계라고 해도 문제의 소지가 있어 보이면 일단 확인을 해봐야 하기 때문이다. 감독관이 시계를 압수하는 것은 잘못된 행동이 아니라는 말이다. 그러니 비상시를 대비해서 아주 단순한 아날로그 시계를 가져가라고 한 것이다. 시계를 단 하나만 가지고 갔는데 검사를 위해서 압수당한 경우에는 다음과 같이 따로 부탁을 드리자. "시계에 다른 기능이 없다는 것을 확인한 이후에는 시험 중간에라도 들어오셔서 시계를 꼭 돌려주세요." 대부분의 수험생들은 시험 시간이 끝나고 쉬는 시간이 되어서야 자신의 시계를 찾으러 간다. 그러나 수험생이 미리 부탁하면 시계의 검사를 끝내고 곧바로 시험 시간 중간에 돌려주는 경우가 있다.

18 감독관의 실수로 답안지를 재작성해야 할 때

교육과정평가원 수능 주요 사례집

사례10 시험 감독관이 결시자 확인란에 잘못 날인하여 답안지를 다시 작성함

첫 교시 시험 볼 때, 시험 감독관 선생님께서 '감독관 확인란'에 날인해야 하는데 '결시자

확인란'에 잘못 날인을 했습니다. 그래서 시험 감독관이 새 답안지를 주면서 다시 작성하라고 했습니다. 시간도 없고 마음도 급했으나 저는 답안지를 새로 작성했습니다. 그런데 답안지를 다시 작성하는 과정에서 문형의 표기를 하지 않았습니다. 이럴 때는 어떻게 해야 합니까? 시험 감독관이 감독 요령도 모르면서 시험 감독을 했는데 피해는 수험생에게 돌아갔습니다

시험 시간 초반에 이런 상황이 벌어졌다면 감독관의 요구에 따라서 답안지를 재작성하는 것이 맞지만 종료 시간이 임박해서 감독관의 실수로 인해서 답안지를 재작성하게 되었을 때는 당당하게 말하도록 하자. "감독관님, 수정테이프로 수정하시고 그 위에 다시 사인하시면 되는데요"라고 말이다.

교육과정평가원 수능 주요 사례집

상황7 시험실 감독관이 OMR카드 감독관 확인란에 서명(날인)하지 않고 결시자 확인란에 잘못 서명(날인)한 경우

- 시험실에 제공된 수정용 테이프를 사용하여 결시자 확인란에 잘못 서명(날인)한 부분을 지우고 감독관 확인란에 다시 서명(날인)함
- 해당 수험생으로 하여금 휴식 시간에 OMR카드를 재작성하도록 하는 것은 민원을 야기시킬 우려가 있으므로 지양

감독관이 결시자 확인란에 실수로 사인을 하는 경우가 의외로 많이 발생한다. 대개의 감독관들은 규정을 잘 모르기 때문에 답안지의 교체를 종용할 때가 많다. 이런 상황 역시 당당하게 대처하도록 하자. "감독관님의 실수로 잘못한 거니 저는 지금 답안지를 완성하고 시험 종료 이후에 고사본부에서 다시 작성하겠습니다"라고 말이다. 그리고 무시하고 열심히 답안지를 제출하면 된다.

⑲ 감독관의 지각이나 시간 지체가 있을 때

정말 드물게 감독관이 지각을 하거나 업무 요령을 몰라서 사건·사고가 발생하는 경우가 있다. 대부분은 당연히 본인의 잘못을 인정하고 수험생에게 추가 시간을 제공해준다. 하지만 감독관이 순순히 본인의 실수를 인정하지 않고 추가 시간을 주지 않겠다고 하면 더 이상 감독관과 실랑이를 하지 않는 것이 좋다. 일단 최대한 풀 수 있는 문제를 다 푼 다음에 손을 들고 복도 감독관을 불러달라고 하자. 그리고 나서 복도 감독관에게 추가적인 요구를 해야지. 그 자리에서 감독관과 싸우느라 에너지를 소모하지 말자. 감독관도 사람인데 자기보다 20살이나 어린 수험생들 앞에서 잘못을 사죄하기란 쉽지 않다. 그것도 시험 중간에 말이다. 그러니 감독관이 우선적으로 추가 시간을 주지 않는다면 일단 자신의 할 일을 다 하고 나서 바로 복도 감독관을 호출하는 것이 가장 바람직하다.

⑳ 듣기 평가 방송 사고가 일어났을 때

매해 수능 시험이 끝나고 나면 시험장에서의 방송 사고에 대한 뉴스가 나온다. 이는 당연한 일로 60만 명이 시험을 치르는데 그중 단 한곳에서도 방송 사고가 일어나지 않는다는 것은 불가능한 일이다. 방송 사고는 다양한 이유로 발생한다. 방송 장비 자체가 고장 나는 경우도 있고 갑자기 외부에서 시끄러운 소음이 들려와서 정상적인 듣기를 진행할 수 없는 경우도 있다. 수능 준비와 진행도 사람이 하는 일이기 때문에 당연히 일어날 수 있는 일이다. 그렇다면 듣기 평가를 치르는 와중에 방송 사고가 나거나 소란 행위가 일어난 경우에는 어떤 절차를 밟게 되어 있을까?

듣기 시간의 문제 상황에 대한 교육과정평가원의 지침은 감독관이 적절히 판단해서 책임자와 협의를 하라는 것이다. 두루뭉술한 지침이기 때문에 감독관에 따라 사고 상황의 전개 양상이 달라진다. 정상적인 감독관은 듣기 평가에서 방송 사고가 일어나면 절차에 따라 조치를 취한다. 방송 기기상의 문제 혹은 외부 환경으로 인해 정상적인 진행이 불가능했을 때는 일단 듣기 문제가 아닌 다른 문제들부터 풀라고 수험생들을 진정시킨다. 그리고 방송 기기가 다시 고쳐지는 대로 다시 듣기 평가를 진행시킨다. 혹 고장 난 방송 시설이 다시 정상화되지 않으면 시험장마다 3대씩 준비되어 있는 휴대용 CD플레이어를 이용하여 듣기 평가를 계속할 수 있다. 이렇듯 시험이 정상적으로 진행된다면 듣기 평가 사고가 일어난다 해도 최대한 빨리 방송 기기를 정상화하고 나서 다시 듣기 평가를 들려주고, 듣기 평가를 다시 하느라 걸린 시간은 쉬는 시간을 줄여서 시험 시간으로 늘려주게 되어 있다. 그러니 너무 걱정을 하지 말고 눈앞의 문제에만 집중하면 된다. 어떻게 사람이 그렇게 큰 사건이 있었는데도 신경 끄고 눈앞의 문제에 집중할 수 있느냐고? 이미 사고는 일어났고, 감독관이 순조롭게 조치를 취하고 있다. 당장 중요한 것은 남아 있는 다른 문제들이다.

27 감독관이 듣기 평가 재방송 요구를 무시할 때

듣기 평가 방송 사고로 인한 재방송 요청은 수험생으로서 정당한 요구다. 감독관이 수험생들의 정당한 요구를 무시하는 데는 여러 가지 이유가 있을 수 있다. 감독관이 진행 절차를 몰라서 다시 방송할 수 있다는 사실을 모르거나, 단지 귀찮기 때문일 수도 있다. 가장 최악은 방송 사고에 대한 문책 및 사안 보고를 피하기 위해 아예 사건 자체를 무마하려는 경우다. 그러면 어떻게 해야 할까?

이때는 일단 내가 풀 수 있는 문제를 다 풀고 나서 적극적으로 감독관에게 재방송을 요구해야 한다. 먼저 시험실 감독관에게 요구하고, 감독관이 요구사항을 들어주지 않으면 복도 감독관을 호출하는 것이다. 그런데 복도 감독관이 와서도 요구를 들어주지 않는다면? 이런 상황이 가장 심각하다. 듣기 평가 사고는 1교시 혹은 3교시에만 벌어진다. 시험이 남아 있는 상황에서 지금 감독관과 실랑이를 벌여서라도 놓친 듣기를 다시 들을 것인가, 아니면 다음 시간을 위해서 준비할 시간을 가질 것인가 잘 판단해야 한다. 듣기 재방송을 요구하기로 마음먹었을 때 수험생이 할 수 있는 가장 최대한의 저항은 OMR카드를 제출하지 않고 재방송 혹은 시간의 연장을 요구하는 것이다. OMR카드를 제출하면 그 순간 게임 종료다. 답안지를 제출한 다음에는 추가적인 문제 풀이나 수정은 불가능하기 때문이다. 그런데 재방송을 요구하며 답안지 제출을 거부하는 것이 불가능하다면 이후 소송에서 유리한 고지를 점하기 위해 답안지 위에 담당 감독관과 복도 감독관의 성함과 정확한 사건 정황을 적어서 제출하는 것이다. 혹 쉬는 시간에 추가로 재방송을 요구할 때는 방송 사고에 대한 사안 보고가 담당 교육청으로 올라갔는지, 이번 사건에 대한 사안 보고가 올라가지 않았으면 왜 안 올라갔는지 확인하는 것이다. 이 정도는 수험생이 할 수 있는 일이다. 그리고 사안 보고의 사본을 받아 오든지 책임자를 찾아 확인서라도 받아오자.

막상 방송 사고가 일어났을 때 감독관에게 OMR카드를 제출하지 않고 강하게 주장하는 것 외에는 별다른 해결책이 없는데도 중요하게 다루는 까닭은 따로 있다. 방송 사고로 인한 직접적 점수 하락보다 방송 사고

234

로 평정심을 잃은 수험생들이 그 시험을 망치는 경우가 많기 때문이다. "허걱, 신성한 수능 날에 이런 사고가 일어날 수 있단 말이야? 그것도 나에게? 나 이제 망한 건가" 하면서 부정적인 생각에 빠지는 것이다. 수능 시험도 사람이 하는 일이기 때문에 사건·사고가 따르기 마련이다. 불행히도 내게 그런 해프닝이 생긴다면 "수능도 사람도 하는 일인데, 그럴 수도 있지. 일단 난 내 문제나 풀어야겠다"라는 대인배의 마음을 갖는 것이 자신의 수능 시험 전체를 살리는 길이다.

22 난방기 소음으로 시끄러울 때

난방 시설이 오래돼 열악할 때 생길 수 있는 문제 중 하나가 소음이다. 구형 난방기가 필연적으로 유발하는 소음은 그 앞에 앉은 수험생이 시험에 집중하는 데 엄청난 방해가 된다. 그러나 난방기를 끄면 교실의 기온이 떨어지기 때문에 소음으로 피해를 입는 수험생이 있더라도 어쩔 수 없이 그냥 켜놓는다. 이럴 때는 그냥 귀마개를 끼고 시험을 치는 것 외에는 방법이 없다.

23 커닝의 대상이 되지 않을 수 있는 방법

2005년 수능 시험에서 조직적으로 시도된 부정행위가 적발된 이후로 수험생들끼리의 부정행위는 눈에 띄게 줄었다. 그러나 조선 시대 과거를 볼 때도 커닝하는 선비들이 있었다는데, 부정행위가 완전히 근절되길 바라는 건 무리다. 커닝을 하는 당사자가 아니라면 이로 인한 문제 상황 중 하나는 자신이 커닝의 대상이 되는 것이다.

먼저 자신이 커닝의 대상이 될 가능성이 높은지 생각해보자. 대개 비평준화 지역에서 학교를 다니거나 특목고, 자립형 사립고 수험생들이 커닝의 대상이 될 가능성이 높다. 자신이 커닝의 대상 목록에 포함된다면, 수능 원서 접수 때 교복 사진을 사용해선 안 된다. 또 평소 가장 익숙한 옷을 입고 시험을 치르겠다며 교복을 입고 가는 학생들도 있는데 이는 "저 공부 좀 합니다. 말이라도 한번 걸어주세요"라고 선전하는 것과 같다. 평범한 사복을 입고 시험에 응시하는 것만으로도 커닝의 협박에서 자유로워질 수 있다.

24 커닝의 협박을 받았을 때

수능 시험장 내에서 다른 수험생을 협박해서 커닝을 하려는 행위는 명백한 부정행위다. 만약 교실이나 화장실에서 다른 수험생으로부터 폭력을 동반한 협박을 받았을 때 일단 그 자리에서는 알았다고 순순히 답하자. 그리고 그냥 시험 시간이 되면 신경 쓰지 말고 시험을 치면 된다. 아무리 배짱 좋은 불량 학생이라 할지라도 수능 당일 엄격한 분위기 속에서 시험이 시작되면 다른 수험생에게 물리력을 행사하는 경우가 거의 없다.

> **교육과정평가원 수능업무처리지침**
>
> **폭력 행위를 통한 부정행위 방지**
>
> - 시험장에는 시험장 규모에 따라 적정수의 순찰 요원 및 경찰관 배치
> - 폭력, 위협, 협박 행위자는 즉시 시험을 중단시키고 고발 조치

정말로 직접적인 폭행을 당했다면 지체하지 말고 교무실로 뛰어가자. 가까이 있는 감독관이나 책임자 혹은 파견 감독관에게 상황을 설명하고, 실제 시험실에 경찰 요원의 입회를 요구할 수 있다.

25 흡연 구역이 되어버린 화장실을 피하는 방법

수능 시험장은 공식적으로는 금연 장소로 지정되어 있지만 실제로는 있으나 마나 한 정책으로 단속이 거의 이루어지지 않는다. 특히나 남학교 시험장에서는 화장실이 거의 100% 흡연실로 바뀐다. 어쩌다가 한두 명이 담배를 피우는 것이 아니라 거의 너구리굴에 가까울 정도로 연기로 뒤덮인다. 담배를 반입 금지 물품에 추가로 넣어달라는 비흡연자들의 요청도 있었지만 재수생, 삼수생들에게 흡연은 정당한 권리이기 때문에 실현될 가능성은 많지 않다.

담배 연기와 냄새로 가득한 화장실을 피하기 위해서는 휴식 시간 종이 울리자마자 튀어나가 1등으로 화장실을 이용하는 수밖에 없다. 주변에 가까운 교사용 화장실을 이용하는 것도 고려해볼 만하다. 혹 자신이 앉은 자리 부근, 특히 앞자리 학생이 심한 흡연자라면 찬물을 마시거나, 껌이나 비타민 보충제 같은 맛과 향이 강한 기호식품을 먹으면 담배 냄새에 영향을 덜 받을 수 있다. 교실 내에 흡연자가 있다면 잊지 말고 점심시간에 꼭 교실 창문을 열어서 열심히 환기를 하도록 하자.

26 옆 사람이 신경 쓰이는 행동을 계속할 때

예민한 수험생들은 수능 당일 옆자리 수험생들의 행동 때문에 신경이 거슬려 시험에 집중하지 못하는 경우가 더러 있다. 옆 수험생이 다리를 유난히 떤다든지, 샤프의 딸깍하는 소리, 움직일 때마다 나는 옷자락 소리 등이 유난히 신경 쓰여 집중력을 흐리는 것이다. 부정행위도 아니고 다른 사람의 시험을 뚜렷이 방해하는 것도 아닌 행동들 때문에 시험에 도저히 집중할 수 없다면 어떻게 해야 할까? 교육과정평가원의 답변을 읽어보자.

시험 시간 중에 다리를 떨거나 기침을 해서 소음을 유발하는 학생이 있으면 그 자리에서 즉시 손을 들고 감독관에게 건의해야 한다. 수능 당일 조용히 해야 한다는 사실은 수험생들이 대부분 당연하게 알고 있다. 하지만 너무 긴장하면 자기도 모르게 다리를 떨거나 헛기침을 하는 수험생들이 있다. 인간적으로 너무 비난하지는 말자. 하지만 내 시험에 방해가 된다면 그냥 조용히 "방해가 됩니다"라고 말하면 된다. 그리고 조용히 귀마개를 끼도록 한다.

27 다른 수험생과 시비가 붙었을 때

다른 수험생이 시비를 거는 상황에 대해 생각해보자. 일단 가장 좋은 대응 방식은 무시다. 신경이 날카로워 보이는 수험생이 괜한 트집을 잡아 뭐라고 하든지 말든지, 인상이 험악한 수험생이 답안지를 보여달라고 하든지 말든지 철저히 무시하는 것이다. 옆에서 무슨 말을 하든, 세상이 어떻게 되든 전혀 상관하지 않고 자신의 문제에 집중하는 것이 수험생에게 가장 요구되는 태도다.

그러나 직접적으로 자신의 시험을 방해하는 수험생이 있다면, 직접 그 수험생을 상대하지 말고 감독관에게 이러저러한 일이 있다고 부탁해야 한다. 감독관에게 부탁했는데도 문제가 해결되지 않았다고? 그렇다면 그것은 내 능력 밖의 문제다. 더 이상 해결책이 없으니 포기하는 것이 합리적이다. 시험 당일의 내 모든 에너지는 온전히 시험에만 쓰여야 한다. 건투를 빈다.

28 외국어영역 시험 시간에 졸릴 때

수능 당일에 대한 긴장감이 높은 수험생들에게 졸음이 온다는 것은 믿을 수 없는 일이겠지만, 실제 수능 당일 졸음을 느끼고 조는 수험생들이 상당수 있다. 특히 외국어영역 시간에 조는 경우가 많다. 오전 시험이 끝나고, 3교시 듣기 시간까지 지속돼오던 높은 긴장 상태가 점차 해제되기 때문이다. 영어 듣기의 마지막 문제인 17번을 풀고 나서 '아, 듣기도 안 놓치고 다 들었네. 이제 다 끝나간다'라는 생각이 들면서 서서히 긴장이 풀리는 것이다. 결국 시험에 대한 피로까지 일순간 몰려오면서 외국어영역 시간에 졸음이 찾아온다. 그럼, 졸음이 오는 것은 어떻게 막을 수 있을까?

먼저 점심시간에 포식하지 않도록 주의해서 식곤증이 찾아오는 것을 방지하자. 도시락을 먹고 나서는 가볍게 5분 정도 밖을 산책하는 것이 좋다. 신선한 공기를 마셔서 몸과 마음을 맑게 만들 수 있다. 그리고 3교시 시작 전에 미리 책상 안에 찬 물병, 껌, 비타민제 등을 미리 챙겨둔다. 껌은 잠을 쫓기에 좋은 식품이다. 그뿐만 아니라, 껌을 씹는 규칙적인 저작 운동은 뇌에 지속적인 자극을 줄 수 있어 좋다. 점심시간쯤에는 가벼운 카페인 음료를 한잔하는 것도 도움이 될 수 있다. 수험생의 긴장도가 낮아져 있기 때문에 점심시간에는 녹차, 커피, 자양강장제 등을 한 잔 마신다고 해도 시험 중간에 화장실이 가고 싶어지는 일은 잘 생기지 않는다.

Thanks To를
잊지 말자

시험을 마치고 집으로 돌아가는 길, 처음으로 인생의 고비를 넘었다는 안도감과 과연 내가 할 수 있는 것을 다 했을까 하는 의문감, 일단은 모든 게 끝났다는 해방감이 어우러져 묘한 기분이 된다. 수능을 마치고 나올 때면 해는 지기 시작하고 날은 어둑어둑해진다. 얼마 남아 있지 않은 석양을 벗삼아 교문을 향해서 걸어가는 길은 아마 평생 잊을 수 없는 추억이 될 것이다. 하지만 그 순간이 수험생 당사자만의 몫은 아니다. 끝났다는 해방감에 들떠도 좋지만 교문을 나서는 그 순간만큼은 어머니와 함께 보내도록 하자. 어머니를 위해서 뭘 해야 하느냐고?

뭔가 거창한 일을 하라는 것은 아니다. 교문을 나서서 여러분을 마중 나오신 어머니를 그냥 딱 한 번 안아드리면 된다. 어설픈 말솜씨로 괜히 멋진 말을 하려고 폼 잡거나 시험 성적에 대해서 변명을 늘어놓을 필요도 없다. 그냥

240

따뜻하게 어머니를 안아드리자. 수능 시험을 직접 치른 스스로가 가장 힘들었고 고생했을 것 같지만 여러분이 고생한 만큼, 아니 그 이상 어머니도 힘든 시간을 보냈다. 아침 6시에 일어나는 여러분을 위해서 그보다 더 이른 5시에 일어나 도시락을 준비하고 따뜻한 아침 식사를 준비해주셨다. 그리고 시험장 안에서 여러분이 시험 보는 동안 혹시나 무슨 일이 생기진 않을까 집에도 가지 않고 교문 앞을 서성이셨을 것이다. 그런 인고의 시간들을 수능 하루뿐만 아니라 여러분이 고등학교에 입학하는 순간부터 3년간 해오셨다.

정문에서는 사람도 많고 낯간지러우니, 집에 돌아가서 어머니께 눈물의 포옹과 감사의 인사를 드리겠다고? 집에 도착하는 그 순간부터는 아마 텔레비전에서 나오는 수능 관련 뉴스를 보고 가채점을 하느라 어머니에 대한 고마운 마음을 잊을 것이다.

교문을 나서는 그때, 그 순간에 어머니를 안아드리자. 그리고 말씀드리자. "사랑합니다. 고맙습니다"라고 말이다.

수능 시험 D+1

수능을 잊고
대학으로
가는 길

시험이
끝났을 뿐이다

수능 시험이 끝난 수험생들에게 가장 먼저 해주고 싶은 말, 또 여러분 역시 가장 듣고 싶어 하는 말이 있다.

"일단 놀아라."

지금까지 수능 시험을 위해 열심히 달려왔다면 놀고 싶을 것이다. 또한 열심히 놀아야 하는 시기이기도 하다. 그래, 수능 시험이 끝났으니 일단은 신나게 놀아보자.

보통의 수험생들은 1년 가까이 하루 종일 공부하는 데 익숙해 있기 때문에 마음껏 놀려고 해도 대개 3일 정도가 지나면 마음이 편치 않을 수 있다. 뭔가 가슴 한구석에서 무거운 느낌이 올라오는 것이다. '정말로 이렇게 아무 계획 없이 놀아도 되는 건가' 하고 말이다. 누구는 논술을 배우러 간다 하고, 누구는 매일매일 면접 준비를 한다는데 놀기만 하는 것이 찜찜하다 못해 조바심 나고, 또다시 불안해지기까지 하는 것이다.

아직 입시는 끝나지 않았다. 아니, 이제부터가 정말로 시작이다. 입시 전략을 어떻게 짜고 최후의 관문이라고 할 수 있는 논·구술을 어떻게 준비하느냐에 따라 누군가에게는 '원서 대박'이 터지고, 누군가에게는 '눈물의 재수'가 시작된다.

기대에 미치지 못하는 수능 성적을 받은 학생들이 주로 하는 선택은 크게 둘로 나뉜다. 마음을 정갈히 하고 내년을 위해 재도전을 기약하거나, 점수 부족을 만회하기 위한 입시 전략과 논·구술 준비로 원서 대박에 발 벗고 나서는 것이다. 선택은 수험생의 몫이고 어떤 선택도 옳다, 그르다를 말할 수 없다.

수능 성적만 높게 나오면 만사형통할 것 같지만 대학 원서를 접수했다가 실패, 즉 낙방하는 경우는 고득점을 받은 학생들에게서 일어나기 쉽다. 평소보다 좋은 성적을 거두었다는 생각에 입시 전략을 세우거나 준비를 하는 데 소홀히 하고 방심하기 때문이다.

가채점이 끝나고 인터넷에 수능 등급 예상 커트라인이 올라오는 순간부터 주변에서 "축하해" "어떻게 수능에서 대박을 냈니?" "수능 잘 쳤으니 한턱 쏴" 같은 말들을 계속 듣다 보면 어느덧 현실 감각이 무뎌지고 근거 없는 장밋빛 환상에 휩싸이기 쉽다. 아직 입시가 완전히 끝나지 않았는데 "수능도 잘 쳤겠다. 원서만 쓰면 나도 이제 고생 끝, 행복 시작이야" 하고 착각하게 되는 것이다. 하지만 현실은 절대로 그렇지 않다.

수능 시험에서 높은 점수를 얻었다면 더욱더 입시를 잘 마무리하기 위해 노력해야 한다. 불행은 연달아서 찾아오지만, 행운은 단 한 번만 찾아오기 때문이다. 힘들고 어렵게 노력해서 일궈낸 고득점이라는 행운을 아무런 준비와 노력을 하지 않아 날려버리는 어리석은 실수를 하지 않도록 하자. 대학교 합격증을 받는 그 순간까지 입시는 계속되고, 수험 생활은 끝나지 않은 것이다.

D+1
MUST DO IT

수능 이후의 시간

01 논술 글씨 연습하기 ☑
02 성적 이의 신청하기 ☑

논술 글씨 연습하기
채점자는 글씨가 깔끔한 답안지에 눈이 간다

논술 시험에서는 무엇이 가장 중요할까? 개요? 분량? 논조? 핵심 단어? 다 중요하다. 하지만 제일 중요한 것은 따로 있다.

바로 글씨다. 단 한 번이라도 논술 채점을 해본 사람은 알고 있다. 글씨가 나쁘면 채점의 대상으로조차 고르지 않는다는 사실을 말이다. 최소한도의 1차 선발 이후에 3대 1에서 5대 1 정도의 경쟁률에서 논술 채점이 이뤄지면, 교수님이 답안지를 한 번은 읽어보고 채점할 것이라는 기대를 할 수 있을 것이다. 하지만 경쟁률이 10대 1을 넘어가는 수시 모집에서 논술 채점의 공정함을 기대한다는 것은 행복한 망상이 아닌가 싶다. 이런 상황에서는 글씨를 잘 못 쓴 수험생의 논술 답안지는 채점의 기회조차 얻지 못할 가능성이 크다.

일례로 수시 전형 경쟁률이 높기로 소문난 K대의 경우, 채점할 때 토너먼트 방식을 쓴다는 소문이 있었다. 토너먼트 방식은 응시생들의 답안지를 30장씩 묶어서 조교가 그중에서 가장 뛰어나다고 생각되는 1장씩을 선별해 교수님께 드리면 교수가 그 답안지들을 채점하는 시스템이다. 자, 여러분이 300장을 채점해야 하는 조교라면 어떤 답안지를 고르겠는가?

가장 먼저 버려지는 답안지는 규정된 필기구를 사용하지 않은 답안지다. 학교마다 규정된 필기구인 흑색·파란색 볼펜이나 직접 제공하는 필기구가 있다. 그런데 꼭 연필로 답안을 작성하거나 중간에 다른 색깔의 필기구를 사용하는 학생들이 있다. 이런 답안지는 일단 채점의 대상도 되지 않고 곧바로 탈락이다.

그다음으로 버려지는 답안지는 바로 글씨가 엉망이어서 읽기가 대단히 귀찮아지는 답안지다. 1차 채점을 하는 조교 입장에서는 하루에만 몇 백 장의 답안지를 읽어야 한다. 그런 입장의 조교가 논문 읽듯, 중요 문헌을 읽듯 학생의 괴발개발 자유로운 글씨를 '해독'해가며 꼼꼼히 읽을 수 있을까? 글씨가 나쁜 답안지도 바로 탈락이다. 글씨가 엉망이라는 이유로 채점의 대상이 되지 않는다는 건 근거가 없다고? 논술 시험은 불합격자에게 불합격의 이유를 해명해야 할 필요가 없다는 판례가 나온 적이 있다. 글씨 때문에 불합격해도 학생으로서는 호소할 데가 없고, 채점자 입장에서는 편리하다.

정말 글을 잘 써서 경쟁률 30대 1을 격파하고, 본선에 진출했다고 가정해보자. 교수가 손수 채점을 할 때 답안지 한 장에 할애하는 시간은 길어야 5분, 보통은 3분이다. 그런데 글씨가 나쁜 답안지는 서론을 읽는 데만 5분이 다 쓰인다. 세계인이 놀랄 만큼 혁신적인 내용이 아닌 이상 그냥 탈락이다.

글씨가 중요하다는 것은 누구나 알고 있는 사실이다. 그런데 이처럼 글씨의 중요성을 강하게 강조해주는 이는 드물다. 왜일까? 학원들이 논술 강좌를 열지만 글씨에 대한 강좌는 열지 않기 때문이다. 학원 강사들도 논술의 기본이 글씨라는 사실을 알고 있다. 하지만 논술 강의를 들으러 온 학생들에게 개요 짜기나 글의 구성 같은 내용이 아니라 글씨의 중요성을 강조할 수는 없는 노릇이다. 학생들에게 지금 듣고 있는 논술 강의를 그만 듣고 주변의 가까운 펜글씨 학원으로 가라고 부추기는 것밖에는 되지 않기 때문이다.

정말 논술로 입시 역전을 해보고 싶다면 가장 먼저 해야 할 일은 독서나 시간 관리, 개요 짜기가 아니다. 일단 상대방이 읽어보고 싶다는 마음이 생기게끔 하는 따뜻한 글씨체를 연습하는 일이다.

나쁜 글씨 다음으로 버려지는 답안지는 분량이 부족한 답안지다.

성적 이의 신청하기
믿을 수 없는 성적에 이의 신청하기

수능 시험 점수가 예상보다 낮게 나왔다면 그 실망감은 이루 말할 수 없을 것이다. 그동안 생각해뒀던 원서 전략이 소용없고, 재수를 준비해야 하는 상황이 닥칠지도 모른다.

가채점과 실제 점수가 예상보다 훨씬 크게 차이가 있을 때는 어떻게 해야 할까? 보통 가채점과 실제 점수는 10점 정도 차이가 나기 마련이다. 500점 중에서 10점 정도의 차이는 당연히 일어날 수 있는 오류인 것이다. 10점 이내, 즉 3~4문제 정도의 차이는 신경 쓰지 않도록 하자. 그러나 가채점과 실제 수능 점수가 상상 이상으로 크게 났다면, 그때부터 문제가 시작된다.

사실 대부분의 경우 혼자서 조용히 거짓 없이, 혹은 조용히 양심에 손을 얹고 생각해보면 어디에서 몇십 점이나 '빵꾸'가 난 것인지 알 수 있다. 하지만 고독한 고민의 순간을 거치고도 도무지 알 수가 없다면, 실제 답안지를 확인하러 떠나야 한다.

수능 시험 점수가 발표된 날 저녁이면, 교육과정평가원 누리집 게시판은 OMR카드 판독 결과에 의문을 제기하는 글로 도배가 된다. 하지만 답변은 항상 다음과 같다.

위의 답변에 만족할 수 있겠는가? 당연히 만족하지 못한다. 그래서 대부분의 학생들이 교육과정평가원을 직접 방문해서 채점 결과를 확인하겠다는 문의를 하는데 그때의 답변은 다음과 같다.

※ OMR카드 판독 자료는 수험생이 OMR카드에 마킹한 내역을 숫자로 출력한 자료입니다.

[지참 서류] 수험생 본인의 신분증

※ 부모님만 오실 경우 부모님 신분증, 주민등록등본(또는 의료보험증) 지참

[확인 가능 시간] 평일 09:00~18:00

※ 2010. 12. 09(목)부터 확인 가능하며, 점심시간(12:00~13:00)에는 업무를 하지 않습니다.(토 · 일요일 제외)

수능 채점이 정확하게 되었다는 말씀을 다시 한 번 드리면서 얼마 남지 않은 기간 동안 좀더 많은 정보를 얻으셔서 원하는 대학에 들어가기를 바랍니다.

수능 점수 발표 이후, 그다음 날부터 교육과정평가원은 직접 방문하는 사람에 한해서 자신이 몇 번에 마킹했는지를 확인할 수 있게 해준다. 그 자리에서 전 과목의 채점 결과를 확인할 수 있는 것이다. 그러나 점수가 낮게 나온 대부분의 학생들은 그 결과를 인정하지 못하고 OMR카드도 확인할 수 있게 해달라고 한다.

교육과정평가원 답변

판독 자료 확인 후 OMR카드 원본 확인을 신청하시면 그다음 날 확인이 가능합니다. 단, 선택 영역 중 하나의 영역만 확인이 가능합니다.

직접 교육과정평가원을 방문해서 정답 채점 결과를 확인한 학생들 중에서, 다시 실제 OMR카드를 보고 싶다고 신청한 학생들은 그다음 날 1개 과목의 실제 답안지를 볼 수 있다. 이왕 교육과정평가원까지 갔다면 꼭 실제 답

안지도 신청해서 확인해보도록 하자. 이왕 멀리 간 거 끝까지 가보는 거다. 이렇게 ==실제 OMR카드까지 찾아가면서 노력하면 혹시 낮게 나온 점수가 올라가는 경우가 있지 않을까 기대하는 학생들도 있다. 절대로 그런 일은 생기지 않는다. 역대 수능에서 채점 오류는 단 한 차례도 일어나지 않았다.==

그러면 왜 교육과정평가원까지 찾아가 고생해보라는 것일까? 지금쯤이면 눈치 챘겠지? 바로 현실에 대한 직시다. 수능 시험에 다시 도전할 사람이 아니라면 귀찮게 꼭 직접 찾아가서 결과를 확인해볼 필요가 없다. 그냥 혼자서 "아, 그랬구나" 하면 된다. 하지만 다시 한 번 시작해보려는 사람이라면, 이런 쓸모없어 보이는 과정도 힘이 된다. 실제 시간을 들여서 자신의 정답지를 확인해본 사람과 그렇지 않은 사람은 다른 세상에 사는 것과 같다. 점수가 낮아 재수를 결정한 학생이라면 원서 접수도 하지 않는 12월, 마지막 휴식이라면서 집에서 빈둥빈둥 노는 경우가 많다. 그럴 때 집에는 실제 답안지를 확인하러 간다고 말해놓고 나서 교육과정평가원도 찾아가고 외출한 김에 저녁도 사 먹고 한다면 얼마나 신나는 일인가? 지방에 사는 학생이라면 이 핑계로 서울에 놀러와 가고 싶은 대학교에 들러 사진도 찍고 하면서 여행을 즐길 수도 있을 것이다. 비용이 걱정된다고? 걱정 마시라. 교육과정평가원에서 수능 채점표와 정답지를 확인하는 과정은 모두 무료이며, 수능 정답지를 확인하러 간다고 하면 부모님이 용돈도 많이 주실 것이다.

자, 이제 실제로 교육과정평가원 본원을 방문해서 OMR카드 결과와 정답지를 확인해보았다. OMR카드를 확인하고도 자신이 어디에서 점수가 깎인 것인지 알 수 없다면 실제 문제지를 확인해보자. OMR카드는 교육과정평가원이 관리한다고 하는데, 그렇다면 실제 수능 문제지는 어디에서 관리할까?

교육과정평가원 답변

수험생이 작성한 OMR카드에 오류가 있는 경우, 채점 과정에서 이를 확인하기 위한 근거 자료로 활용하기 위하여 문제지를 회수하고 있습니다.

다음과 같은 오류 유형이 발생할 때, 이를 확인하기 위한 근거 자료로 회수한 문제지를 확인하고 있습니다.

- 답안지 문형 표기란(홀수형, 짝수형)에 오류가 있을 때

- 결시자 표기란이 잘못 표기되어 있을 때

- 기타 확인사항

출제에 이상이 있거나 정답에 문제가 생길 것을 우려해서가 아니라, 수험생의 부주의로 인해 피해를 입을 수도 있는 선의의 수험생을 보호한다는 취지에서 수능 문제지를 회수하는 것입니다..

그래서 결국 누가 보관하고 있는 것이냐고?

교육과정평가원 답변

2011학년도 대학수학능력시험에서 응시 후 시험지는 각 고사장(응시한 학교)에 보관 중입니다. 해당 고사장 또는 해당지구 교육청에 문의 바랍니다.

담당 교육청에 연락해보니 담당자도 잘 모른다고 한다. 정답은 2011학년도 대학수학능력시험 시험관리 세부시행계획에 있었다.

라. 문제지 보관 · 폐기

- 문제지 1차 포장 봉투는 사용이 끝난 문제지 2차 포장 상자에 넣어 봉인한 후 필요 시 확인이 가능하도록 보관(교체 및 여분의 답안지 포함)
- 보관 문제지 및 듣기 평가 테이프는 시험장 학교에 보관하며, 수험생 성적 통보 후 자체적으로 폐기

수능 문제지 관리는 응시지구의 교육청에서 하고, 보관은 수험생이 실제 응시했었던 학교에서 한다. 원칙적으로는 수능 점수가 통보되는 날에 보관하고 있던 문제지를 폐기하도록 되어 있지만, 실제로는 1년 가까이 보관하는 경우가 많다.

자, 이제 성적 확인과 이의 신청을 하는 모든 절차를 가르쳐줬으니 문제지를 직접 열람하는 방법은 숙제로 남기기로 한다. 귀띔을 하나 해주자면, 수능 시험 이후에 문제지를 관리하는 실질적인 최고 책임자는 시 · 도 교육청 장학사다.

D+1
MUST DO IT SCHEDULER

D-0	D+1	D+2	D+3	D+4	D+5	D+6
	가채점해보기 ☐					
D+7	D+8	D+9	D+10	D+11	D+12	D+13
			논술 글씨 연습하기 ☐			
D+14	D+15	D+16	D+17	D+18	D+19	D+20
D+21	D+22	D+23	D+24	D+25	D+26	D+27
				성적 이의 신청하기 ☐		
D+28	D+29	D+30	D+31	D+32	D+33	D+34
D+35	D+36	D+37	D+38	D+39	D+40	D+41
D+42	D+43	D+44	D+45	D+46	D+47	D+48

눈치 작전과 소신 지원의 한끝 차이

명절 날 친척 어르신들께서 항상 하시는 질문이 있다.

"너 대학 어디 갈래?"

그러면 항상 똑같은 대답을 한다.

"점수에 맞춰서 가야죠."

정말 맞는 말이다. 대학교는 입학 정원이 정해져 있는 곳이기 때문에 점수에 맞춰서 가야 한다. 많은 학생들이 다르지 않을 것이다.

'내 점수로 갈 수 있는 제일 좋은 대학교'에 입학하는 것이 원서 지원 전략의 가장 큰 목표다. 그런데 제일 좋은 대학교는 어떤 곳일까? 배치표에서 커트라인 점수가 높은 대학교? 역사가 오래된 대학교? 서울시 안에 있는 대학교? 좋은 대학교라는 명확한 기준이 없다.

어떤 의견에 따를지는 스스로가 선택해야 한다. 지금까지 여러분은 어떤 선택의 여지 없이 오직 수능이라는 시험만을 위해 달려왔을 것이다. 이제는 인생 최초의 큰 시험인 수능이라는 관문을 넘어 당당하게 얻어낸 점수로 대학교에 지원하고 합격해야 하는 수확의 계절이 왔다.

농부가 한 해 땀 흘려 가꾼 농작물을 추수하기 전에 누렇게 익은 논밭을 저 멀리서 뿌듯하게 바라보듯, 입학 지원서를 쓰기 전 자신을 들여다보는 시간을 가져보자. 자신이 무엇을 하고 싶은지, 어떤 사람이 되고 싶은지, 어떤 삶을 살고 싶은지 스스로의 미래를 머릿속에 그려볼 수 있어야 한다. 확신이 서지 않는다면 주변에 물어봐도 좋다. 부모님의 말씀을 들어봐도 좋고, 책을 읽거나, 이미 대학교에 다니는 선배들의 이야기를 들어봐도 좋다. 하지만 결정은 여러분 스스로가 내려야 한다.

선택은 스스로 하고 싶지만, 잘못된 선택을 했을 때 책임지기는 싫다고? 모든 선택의 손실을 없애는 방법을 알려달라고 하는 것은 응석이다. 그래도 단 한 가지 주의해야 할 점을 짚어주자면, 학교 선생님들이 대학 진학률을 높이기 위해 여러분이 전혀 생각해보지도 않은, 개인적으로 흥미도 없었고 앞으로도 흥미가 생길 것 같지 않은 학과에 지원하라고 하는 경우가 생긴다는 것이다. "네 마음대로 원서 써서 대학 다 떨어져놓고 괜히 나 원망하지 마라." 담임 선생님의 협박성 권유가 무섭게 느껴진다면 [가], [나], [다]라는 세 번의 기회 중에 한 장의 카드 정도는 시키는 대로 하는 것도 나쁘지 않다.

하지만 세 장의 원서를 쓰면서 단 한 장도 스스로 생각해보지 않고 단지 합격을 위해서 지원한다면, 그것은 자기 인생에 대한 기만일 것이다.

수험생들이 아직 경험해보지 못한
수능 현장의 모든 것

수능 당일 30점

초판 1쇄 발행 2011년 7월 21일
초판 3쇄 발행 2011년 8월 8일

지은이 손형욱
펴낸이 김선식

Chief Story Creator 이선아
Story Creator 홍다휘
Design Creator 손은숙
Marketing Creator 김하늘

3rd Creative Story Team 이선아, 박은정, 정지영, 홍다휘, 박고운
Creative Design Dept. 최부돈, 황정민, 박효영, 김태수, 손은숙, 이명애
Creative Marketing Dept. 모계영, 이주화, 김하늘, 정태준, 신문수
      Communication Team 서선행, 박혜원, 김선준, 전아름
      Contents Rights Team 이정순, 김미영
Creative Management Team 김성자, 김미현, 김유미, 서여주, 정연주, 권송이
Outsourcing 본문구성 김익선, 본문디자인 조성미

펴낸곳 (주)다산북스
주소 서울시 마포구 서교동 395-27번지
전화 02-702-1724(기획편집) 02-703-1725(마케팅) 02-704-1724(경영지원)
팩스 02-703-2219
이메일 dasanbooks@hanmail.net
홈페이지 www.dasanbooks.com
출판등록 2005년 12월 23일 제313-2005-00277호

필름 출력 스크린그래픽센타 **종이** 월드페이퍼(주) **인쇄·제본** (주)현문

ISBN 978-89-6370-606-1 13370